Jeanne **Ruland**
Gudrun **Ferenz**

Die Heilige Geometrie der platonischen Körper

Die Grundbausteine der Schöpfung entdecken und anwenden

Schirner Verlag

Jeanne Ruland ist die Autorin dieses Buches,
Gudrun Ferenz hat praktisch und beratend mitgewirkt.

ISBN Printausgabe 978-3-8434-1540-8
ISBN E-Book 978-3-8434-6525-0

Jeanne Ruland & Gudrun Ferenz:
Die Heilige Geometrie der platonischen Körper
Die Grundbausteine der Schöpfung entdecken und anwenden

Umschlag: Murat Karaçay & Anna Twele, Schirner, unter Verwendung von # 25817347 (© Valenty), # 1388365265 (© sunnychicka) und # 1818656942 (© ONYXprj), www.shutterstock.com
Layout: Anna Twele, Schirner
Lektorat: Tamara Kuhn & Kerstin Noack-Zakel, Schirner
Printed by: Ren Medien GmbH, Germany

www.schirner.com

Neuausgabe 2023 – 1. Auflage September 2023

Inhalt

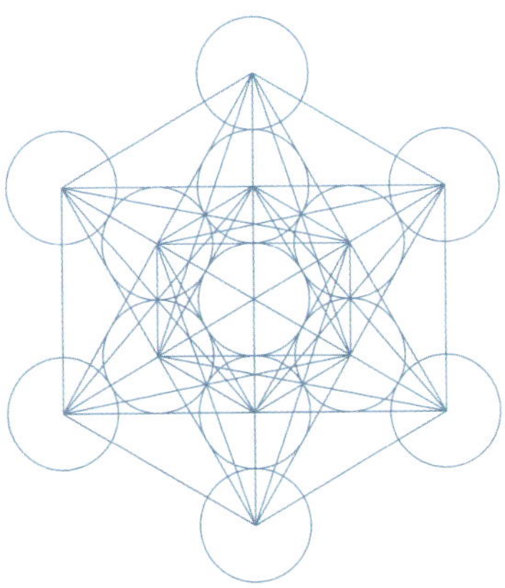

Über uns sind unbekannte Welten.
Von hier webt sich das Lebensmysterium.
Lange vorbereitet sind die Erkenntnisse,
die zu uns kommen.
In Träumen spinnt sich das Netz, das uns verbindet,
bevor wir uns begegnen, um gemeinsam
das Lebenswerk schöpferisch und heilsam nach dem
Plan zu gestalten, nach dem wir angetreten sind.
Die Kräfte des neuen Werdens sind immer wirksam.

Vorwort

Wie es zu diesem Buch kam

Die Begegnung zwischen Gudrun Ferenz und mir, Jeanne Ruland, wurde von langer Hand vorbereitet. Gudrun Ferenz ist ihren Weg gegangen und hat dank der Heiligen Geometrie in ihrem Leben viel Heilung erfahren sowie zahlreiche Erkenntnisse und Weisheit gewonnen, und ich bin meinen Weg gegangen – im Einklang mit der Natur und mit dem, was gerade war und ist.

Im Jahr 2008 hatte ich über vier Monate hinweg Träume, in denen ich von den Meistern der Weißen Bruderschaft in ein neues Themengebiet eingeweiht wurde, um bestimmte Prozesse in der Erdheilung, der Kollektivfelderheilung und der Heilung von menschlichen Energiefeldern zu beschleunigen. Ich wurde während dieser Träume in neuen Techniken der Licht- und Energiearbeit unterwiesen und konnte mich am darauffolgenden Morgen genau an das erinnern, was passiert war. In den Träumen befand ich mich in einem lichtdurchfluteten Haus. Ich ging immer eine Wendeltreppe aus Marmor hinauf in ein pyramidenförmiges Dachzimmer, in dem ich unterrichtet wurde. Nach vier Monaten war die Schulung beendet, und ich fühlte, dass neue Erkenntnisse und Weisheiten in mich eingegangen waren, auch wenn ich noch nicht recht wusste, auf welche Weise ich diese würde anwenden können. Wenn die Meister etwas so klar vorbereiten, dann werden sie uns auch zu den Umständen und Situationen geleiten, in denen wir dieses Wissen auf dieser Ebene, unserer Wirklichkeit, anwenden können.

Etwa einen Monat später erhielt ich einen Anruf von Heidi Schirner. Sie wollte mich mit Gudrun Ferenz bekannt machen, weil sie der Meinung war, dass wir beide zusammen ein Buch schreiben könnten. Zu dieser Zeit war ich schon wieder derart in meine Arbeit und meine alltäglichen Aufgaben vertieft, dass ich meine Träume fast vergessen hatte. Ich vereinbarte also einen Termin mit Gudrun Ferenz und besuchte sie. Ich kam in ein lichtdurchflutetes Haus. Wir gingen eine Wendeltreppe aus Marmor nach oben, und ich befand mich in einem pyramidenförmigen Dachzimmer, dessen Energie mit kleinen Kupferpyramiden sogar noch verstärkt wurde. Ich war sprachlos, fand ich mich doch plötzlich mitten in meinen Unterweisungsträumen wieder. Dieser Raum war mir nicht fremd, ich hatte das Gefühl, in den letzten Monaten dort ein und aus gegangen zu sein. Auf einem Tischchen lagen die fünf platonischen Körper, und mir gegenüber saß eine würdevolle Frau, die ihren Weg in ein erwachtes Bewusstsein bereits beschritten hatte. Für mich gab es keinen Zweifel, dass ich hier richtig war und dass hier die nächste wundervolle Aufgabe auf mich wartete.

Wir begannen, das Projekt, das du jetzt mit diesem Buch in den Händen hältst, zu planen. Die Informationen flossen uns nur so zu, und wir arbeiteten genau ein Jahr praktisch und theoretisch mit der Heiligen Geometrie, die nun verstärkt in die Welt kommen möchte, um den Menschen bei ihrer »menschlich-göttlichen« Entwicklung zu helfen. Auch unterstützt sie uns alle dabei, unseren wahren Seelenplan zu entfalten. Aus unser beider Erfahrung können

wir sagen, dass die platonischen Körper Entwicklungsbeschleuniger sind. Sie verbinden uns Menschen mit der höchsten Ebene der Schöpfung, mit den Kräften des Ursprungs, und sie unterstützen uns dabei, Blockaden und ungünstige Verbindungen zu wandeln und aufzulösen. Unsere Erkenntnisse haben wir in diesem Buch für dich zusammengetragen. Es soll ein Tor öffnen, hinter dem sich viel Weisheit und Wissen verbirgt. Möge es Segen, Erkenntnis und Heilung bringen und dich dazu ermutigen, deine eigenen Erfahrungen mit der Heiligen Geometrie zu machen. Es ist noch viel Entwicklung möglich, und durch ein neues Bewusstsein formt sich eine neue Wirklichkeit.

Das Ziel dieses Buches

Ich war, ich bin, ich werde sein.
Mit der Heiligen Geometrie können wir zu dem werden, was wir in Wahrheit sind.

Heilige Geometrie ist überall. Alles besteht aus »IN FORM« gebrachter Energie, sprich aus »IN-FORM-ATION«. Jede Gestalt, jedes Wesen, alles Leben ist eine bunte Ansammlung von geometrischen Energiefeldern, die, je nach Ausrichtung, segensvoll oder verzerrt sind, sich aber mit jedem Gedanken und jeder subtilen, feinstofflichen Energie wandeln. Die Heilige Geometrie als solche erzeugt klare, lichtvolle, hoch schwingende und strukturierte Botschaften. Diese heilige Lichtinformation wird über die höchste Ebene, die Meisterebene, übertragen und versetzt uns in die Lage, die Heiligkeit in allen Dingen wiederherzustellen. In »Heiligkeit« ist das Wort »heil« enthalten, und Heilung geschieht durch Anerkennung, Liebe und Wertschätzung. Mithilfe der Heiligen Geometrie können wir die Lichtmatrix in allem auf vollkommene Art wiederherstellen und durch Konzentration manifestieren. Bestimmte Muster sind dabei besonders hervorzuheben: Die Blume des Lebens ist das vollkommene Einheitsfeld. Aus ihr entstehen alle Dinge in ihren vielfältigsten

Formen, und alles ist in ihr enthalten. Metatrons Würfel beinhaltet die Heilige Geometrie in ihrer Ganzheit. Männliche und weibliche Energien sowie die fünf Elemente sind wiederum in allem vorhanden, was wir hier in der manifestierten Welt finden. Das Verständnis dieser Formen, der Heiligen Geometrie, hilft uns dabei, die Lichtmatrix in uns wieder vollkommen aufzubauen und geschädigte Energiestrukturen an ihre Vollkommenheit zu erinnern. Auf diese Weise geben wir die Energie vor, in die wir zurückkehren möchten und die auf der geistigen Ebene in ihrer Vollendung immer noch vorhanden ist.

* Die Heilige Geometrie ist der Schlüssel zur Heilung auf der atomaren und der Zellebene.
* Sie führt uns auf neue, höhere Stufen des Bewusstseins.
* Sie hilft uns dabei, den Lichtkörperprozess zu beschleunigen.
* Wir können über die Erkenntnisse aus der Heiligen Geometrie neue Fähigkeiten entwickeln.
* Wir können alte Wunden in unseren Energiefeldern, in denen der Gemeinschaft und denen der Erde über Raum und Zeit in allen Dimensionen heilen.
* Wir können Selbst-Bewusstsein, ein Bewusstsein über unser Selbst, entwickeln und die höchste Kraft immer besser in unser Leben integrieren.
* Wir kommen in Einklang mit unserer Seelenabsicht.
* Wir entwickeln das, was uns von der höchsten Ebene gegeben ist: Liebe, Bewusstsein, Weisheit, Heilung, Erfolg, Wohlstand und die Fähigkeit, Glück in unserem Leben und im Leben derer zu empfinden, die mit uns in Kontakt kommen.
* Wir kommen in Berührung mit dem Wissen, das in Licht geschrieben ist und auf das das Licht in uns antwortet (Akasha). Wir können unsere Lebensbücher und die Bücher der Natur öffnen, um die ursprüngliche Information der Dinge abzurufen.
* Wenn unser Licht stark und fest in seiner vollkommenen Form leuchtet, können wir alle anderen Lichter damit entzünden.
* Wir können neue Wege der Energiegewinnung entdecken, die im Einklang mit der Schöpfung sind.
* Wir können neue Wellen der Energie aus höheren Dimensionen freisetzen, die uns und der gesamten Menschheit dienen.

Wir alle sind hier, um eine neue Dimension des Seins einzuläuten. Alles, was wir in uns heilen, heilen wir in der Welt. Das Wissen um die Heilige Geometrie ist eine wunderbare Möglichkeit, mit der wir diesen Auftrag auf beste Weise erfüllen können. Wir widmen unsere Arbeit der Selbstentfaltung, dem Wachstum und dem Prozess des Aufstiegs, in dem sich unsere Welt befindet.

Mit diesem Buch möchten wir dich mit der Heiligen Geometrie und ihrer Wirkung im praktischen Gebrauch vertraut machen. Die Formen der Heiligen Geometrie sind Bausteine, Puzzleteile, die das Selbstbild heilen und vervollkommnen. Sie wirken auf atomarer und zellularer Ebene und greifen in das feinstoffliche elementare Lebensgeflecht ein, das alles durchzieht und verbindet. Begleite uns auf einer spannenden Reise zum Selbst und zur Vollkommenheit des einen Lichtes auf der höchsten Ebene.

Jeanne Ruland & Gudrun Ferenz

Einführung in die Heilige Geometrie

»Ubi materia – ibi geometria:
Wo Materie ist, da ist Geometrie.«
Johannes Kepler

Sicher hast du bereits, bevor du mit der Lektüre dieses Buches begonnen hast, etwas über die Heilige Geometrie gehört oder gelesen. Sie ist sehr alt und findet sich in den Geheimlehren der Meister. Unter strengsten Regeln wurde sie in mystischen Kreisen mündlich weitergegeben und gehört zu den mächtigsten Werkzeugen der Schöpfung. Um begreifen zu können, wie grundlegend die Heilige Geometrie ist, sollten wir uns bewusst machen, dass der Kugel bzw. der Blume des Lebens und den fünf platonischen Körpern die gesamte materielle Welt zugrunde liegt. Diese Formen sind die Muster, aus denen alles erschaffen wurde und weiterhin erschaffen werden kann, denn die Strukturen jeder Form und jedes Raumes werden durch die Gesetzmäßigkeit dieser geometrischen Muster zueinander bestimmt. Jedes Atom, jede Zelle, jeder Stein, jede Pflanze, jedes Tier, jeder Mensch, jeder Stern hat ursprünglich vollkommene, harmonische Grundproportionen. Die fünf platonischen Körper repräsentieren die Elemente Feuer, Erde, Wasser, Luft und Äther und erschaffen durch die Bindungen, die sie eingehen, und die Beziehung, in der sie zueinander stehen, materielle Formen.

Das Wissen darum, dass alles Muster und Strukturen hat, dass es ein lebendiges, alles durchdringendes schöpferisches Bewusstseinsfeld gibt, das sich formt und sich als sinnvolles Ganzes und als Abbild des bestehenden Wissens immer wieder neu gestaltet, hatten schon die alten Naturvölker. Diese Urmuster bestehen aus den Formen und den fließenden, sich verbindenden Energielinien der Heiligen Geometrie. Seit Generationen weben indigene

Völker die Muster in ihre Kleidung und malen sie auf ihre heiligen Gegenstände. Viele von ihnen beherrschen heute noch die »Kunst der geometrischen Muster« (Musterkunde), die die Energieströme des Kosmos darstellen, die in ihrer Urform alles durchdringen. Sie wissen, dass jeder Mensch ein eigenes Muster hat, das einen Teil des großen kosmischen Musters bildet, es also mit erschafft. Nichts ist getrennt, alles ist verbunden, verwoben und beeinflusst sich gegenseitig. Jeder bewusste Gedanke, jeder bewusste Schritt verändert die Form und das Muster im Netz. Jede Form, die wir mit Bewusstsein aus dem Netz in diese Wirklichkeit tragen, verändert die Wirklichkeit.

Von den kleinsten Bausteinen bis zu den größten und modernsten Bauwerken – natürlich oder künstlich erschaffen – besteht alles aus der Heiligen Geometrie. Alles, was wir als gut empfinden, aber auch das, was uns schaden könnte (auch Viren und alle anderen unschönen materiellen Schöpfungen weisen erstaunlich genau die Formen der Heiligen Geometrie auf), ist aus diesen Grundbausteinen der Schöpfung und der Verbindung, die diese Formen miteinander eingehen, geschaffen. Alles Materielle entsteht aus dem Bewusstseinszustand, den wir als Menschheit gerade haben, und ist eine Spiegelung dessen. Öffnen wir unser Bewusstsein und verbinden wir uns wieder mit dem Höchsten, so können in dieser Welt ganz neue Dinge entstehen. Auf diese Weise formt sich ein neues Zeitalter des Friedens.

Wir erhalten mit der Heiligen Geometrie einen Schlüssel, mit dem wir Dinge ergründen, wandeln und wieder in vollkommene Harmonie mit der Schöpfung und der ursprünglichen Matrix bringen können. Vollkommenheit zieht Vollkommenheit an. Höchste Prinzipien können niedrigere Ebenen wandeln, doch umgekehrt ist dies nicht möglich. Deshalb verwende das Höchste gegen das Niedrigste, um Heilung, Segen und Glück wieder entstehen zu lassen. Du hältst den Schlüssel zur Schöpfung in deiner Hand. Gebrauche ihn mit Herz, Verstand, Geist und Seele, und erfahre, wie sich dein Leben und die Welt damit verändern.

»Die Bedeutung der Geometrie beruht nicht nur auf ihrem praktischen Nutzen, sondern darauf, dass sie ewige und unwandelbare Gegenstände untersucht und danach strebt, die Seele zur Wahrheit zu erheben.«
Platon

Bewusstsein ist unbegrenzt und einem stetigen Wandel unterworfen. Wir können zur Weisheit und zum Verständnis der Anfänge zurückkehren, zu »Gott in allem«, und damit eine schöpferische Veränderung im eigenen Leben und in der Gesellschaft herbeiführen.

Metatrons Würfel

Der höchste Engel der Schöpfung formte aus seinem ewigen Seelenlicht einen Würfel der vollkommenen Energie und Balance zwischen allen Kräften und Einheiten im Universum.

Metatrons Würfel zeigt uns den Weg von der menschlichen in die göttliche Natur des Seins. Er enthält die Geheimformel der heiligsten aller Geometrien. Er ist der Schlüssel zur und das Kaleidoskop der Schöpfung.

Die Lehre der Heiligen Geometrie ist eines der am besten ausbalancierten Systeme, das die spirituelle Entwicklung mit Lichtgeschwindigkeit unterstützt. Metatrons Würfel ist einfach in der Anwendung und umfasst das komplexe Wissen über die Schöpfung, Harmonie, Balance und Gestaltung des Universums. Er stellt das Gleichgewicht zwischen allen Dingen wieder her. Er zeigt uns, wie wir ewige Energie in endlichen Formen erschaffen und endliche Formen in ewiger Energie auflösen.

Metatrons Würfel erinnert uns an unsere Schöpfer- und Gestaltungskraft. Er entschlüsselt uns den Einweihungsweg auf der Erde und verbindet uns mit unseren ewigen göttlichen Wurzeln. Er offenbart sich all jenen Menschen, die dazu bereit sind, die Verantwortung für ihr SELBST zu übernehmen und von höchster Ebene das lebendige Sein durch Liebe, Worte und Taten mitzugestalten.

Alles ist in Licht geschrieben.
Wenn das ewige Licht in dir erwacht,
wird das Licht der Schöpfung dir antworten.

Wer ist Metatron?

Metatron steht im Lebensbaum der Kabbala an der Spitze der Engelhierarchien und zählt mit seiner weiblichen Ergänzung Miranlaya (nach alter Überlieferung auch »Shekinah« genannt) zu den höchsten Engeln im Himmel. Metatron ist der Hüter des göttlichen Throns. Sein Name bedeutet »Der hinter dem Thron Gottes steht« oder »Der das Angesicht Gottes erblickt«. Er wendet die höchste Ordnung gegen die niedrigste an, um Dinge lichtvoll zu wandeln, sie in Übereinstimmung mit der göttlichen Matrix zu bringen und sie neu zu erschaffen. Metatron ist das Gesicht oder Gewand Gottes. Es heißt, dass er einst eine menschliche Erfahrung in der biblischen Gestalt des Enoch machte (Enoch wird im Alten Testament im Buch Genesis 5,18–24 erwähnt). Von daher kennt Metatron die Begrenzung innerhalb eines unbegrenzten Seins und weiß, welchen Schwierigkeiten sich ein Mensch auf dem Weg in sein unendliches Potenzial, in seine wahre göttliche Natur, gegenübersieht. Er hilft uns dabei, diese Schwierigkeiten zu beseitigen. Metatron hütet den Schlüssel zur gesamten Schöpfung, der in der inneren Balance und Ausgewogenheit aller Dinge liegt. Er unterstützt uns dabei, unsere eigene Schöpferkraft anzunehmen, und versetzt uns in die Lage, sowohl unser Leben zu gestalten als auch das Leben anderer und des gesamten Planeten zum Wohle und zum Segen zu beeinflussen.

Die Kraft von Metatron und Miranlaya ist 11:11. 11:11 ist das Tor zu einer höheren Dimension, das entsteht, wenn alle Kräfte ins Gleichgewicht kommen. 11:11 steht bildlich für die vier Säulen mit dem Eingang in der Mitte, die man oft vor alten heiligen, von Weisheit erfüllten Hallen findet. 11:11 erinnert uns an unsere höhere Führung, an unser Höheres Selbst. Wann immer du die 11:11 irgendwo entdeckst, ist dies ein Aufruf, dich der Führung und Fügung des Höheren Selbst zu öffnen. Eine Botschaft deiner geistigen Führung möchte dich erreichen. Lausche nach innen, und schaue, was dir deine Höherführung sagen oder zeigen möchte.

Metatron und Miranlaya stehen für

* SELBSTbewusstsein
* SELBSTwert
* SELBSTerkenntnis
* SELBSTermächtigung
* SELBSTverantwortung
* SELBSTliebe

Damit sind nicht Egobewusstsein, Egowert oder Egoverantwortung gemeint, sondern das ewige SELBST, die heilige Flamme, die in jedem von uns leuchtet. Unser inneres SELBST, die ewige Flamme, ist das Führungssystem unserer höchsten und lichtvollsten geistigen Ebene. Es ist reines Bewusstsein, reines Gewahrsein, und es kennt alles von uns.

Die Gegenkraft von Metatron und Miranlaya

Der Widersacher Metatrons und Miranlayas ist Thalimiel. Er steht für Opfergefühle, Unwertsein, Trennung, Abwertung, Abgeben der Verantwortung, Unterschätzen der göttlichen Kraft, für alles, was uns nicht in unserer ICH-BIN-Gegenwart verweilen lässt. Diese Gegenkraft negiert die Göttlichkeit in uns.

Alle, die mit Metatron und Miranlaya arbeiten oder diese Präsenz zur Seite haben, sind Mitschöpfer, Mitgestalter am großen Plan. Sie erkennen ihr ewiges Seelenlicht, die Liebe, die alles durchdringt, und die Schöpferkraft, die ihnen gegeben wurde, und beginnen, diese aktiv zum Wohle aller, einschließlich ihrer selbst, einzusetzen. Sie öffnen Tore zu anderen Dimensionen. Wertschätzung, Achtung und Respekt in Bezug auf die Schöpfung und das Geschenk des Lebens erwachen in ihnen. Metatron und Miranlaya stehen den Menschen bei, damit diese im Sein erwachen, die Flamme des Selbst erkennen (Selbsterkenntnis – Erkenntnis über das Selbst) und von der Liebe des Schöpfers getragen werden.

Meditation: Metatron und Miranlaya

»Metatron und Miranlaya,
ich rufe euch und danke euch von ganzem Herzen.
Erfüllt im Namen meiner ICH-BIN-Gegenwart mein Sein mit LICHT.
Bringt mein Sein in eine tiefe Balance,
sodass ich friedlich in meinem Selbst ruhe und aus der Mitte wirke.
Ich ehre und wertschätze euch.
Verstärkt die Kräfte der Schöpfung in mir.
Verstärkt die Kräfte der Schöpfung in mir.
Verstärkt die Kräfte der Schöpfung in mir.
Ich bin frei, frei, ewig frei.

Ich bin im Namen der Liebe und des ewigen Lichtes hier.
Ich danke euch aus der Tiefe meines Herzens für euer Wirken
in meinem Leben.
ICH BIN das ICH BIN.«

Wir können uns über die geistige Ebene mit Metatron und seiner weiblichen Ergänzung verbinden und sie bitten, uns zu führen und zu leiten, damit wir in unserem »ICH BIN«, unserem »SELBST«, erwachen.

Dazu vorab einige Worte zum Atem: Das Erste, was der Mensch tut, wenn er geboren wird, ist einatmen. Hättest du deinen ersten Atemzug nicht getan, hätte dich keine Kraft der Welt in dieses Leben holen können. Mit dem ersten Atemzug hast du »Ja« zum Leben gesagt, und das Leben hat »Ja« zu dir gesagt. Dass du hier bist, ist eine Vereinbarung mit einer wesentlich größeren Kraft. Die lebendige Energie des Atems strömt durch dich, belebt dich und sendet dir immer neue Stärke. Das hawaiianische »Aloha« setzt sich zusammen aus »Alo«, das für die Anwesenheit einer größeren Kraft steht, und »ha«, das »Atem des Lebens« bedeutet. Dieser durchströmt uns unabhängig von äußeren Umständen.

Nimm dir nun Zeit. Schaffe dir einen Raum der Stille und der Ruhe. Konzentriere dich auf das Ein- und Ausströmen deines Atems. Nimm die neue Lebenskraft in dich auf, und stelle dir mit dem Ausatmen vor, wie sie in dein gesamtes Energiefeld strömt und dieses anfüllt, belebt und klärt. Wenn du eine Zeit lang beim Atmen verweilt hast, komme zu dir und in deine Anbindung. Vielleicht kannst du dein wahres Wesen entdecken.

Bitte nun Metatron und Miranlaya auf deine Weise, mit den Worten deines Herzens, sich zu zeigen. Warte einen Augenblick. Jeder nimmt sie auf andere Weise wahr. Es kann sein, dass du subtile und feine Veränderungen in deinem Energiefeld erfährst. Vielleicht hörst du ein Wort, spürst eine deutliche Bewegung in deinem Energiefeld oder siehst Bilder. Schaue, wie sich dir diese Kraft offenbart.

Metatron und Miranlaya sind das Schöpfungsfeuer, das Schöpfungslicht in allem. Wenn sie in dein Energiefeld treten, kann in diesem reinigenden Licht alles aufgelöst werden, was nicht deinem Sein entspricht. Dimensionstore zu anderen Bereichen können sich öffnen, und Wissen kann in dich einströmen. Bitte die beiden darum, dich im Leben zu führen und zu begleiten. Wenn du spürst, dass es getan ist, bedanke dich bei beiden, und kehre zurück in deinen Raum.

Je öfter am Tag du deine Aufmerksamkeit auf Metatron und seine weibliche Ergänzung richtest, desto stärker wirst du ihre Energie im Alltag und auf allen Ebenen erfahren. Du wirst immer intensiver die Kraft deines wahren Selbst und innere Freiheit spüren.

Übung: Verstärkung der Intuition und Anbindung

In dieser Übung wirken wir mit dem goldenen Licht, das Metatron zugeordnet ist, über den Nabel und laden uns mit diesem Licht auf, um ein Gefühl von Vertrauen, Einheit und Führung zu erleben.

Das goldene Licht ist die Essenz des Lichtes, seine höchste Schwingung, die reinste Form des Bewusstseins. Es leuchtet aus sich selbst heraus und symbolisiert Einssein, Glück, Göttlichkeit, Erwachen und Vollendung. Unser Energiekörper lässt sich durch die Atmung aufladen.

Der Nabel ist das Zentrum, über das unser Körper am Anfang unseres Lebens genährt wird, das für alle Empfindungen zuständig ist und von dem aus sich jede Empfindung im Körper ausbreitet. Er ist unsere Mitte, der Ort der Verbindung unseres Wesenskerns mit dem physischen Körper und allen anderen Körpern und Auren, das spirituelle Zentrum unseres Lebens, in dem die Kraft der Sonne aller Sonnen strahlt. Dort befindet sich konzentrierte innere Kraft, und so ist er auch Ort der Entstehung allen Lebens, der Ort, an dem Bewegung und Form beginnen. Alles im Zentrum ist überall wirksam.

Stelle dir vor, wie ein Strahl aus goldenem Licht in deinen Nabel strömt und dort eine Sonne entstehen lässt. Diese goldene Lichtsonne leuchtet in deinem Körper und aus diesem hinaus. Lichtstrahlen tragen das Licht unendlich weit. Visualisiere dich als Sonne, die so weit leuchten kann, wie du möchtest. Auf diese Weise verstärkst du das Vertrauen in das Leben, in deine intuitive Kraft und in die göttliche Führung in dir.

Symbolik und Wirkung von Metatrons Würfel

* Balance und Schöpferkraft durch männliche und weibliche Energie
* Erschaffen von neuen Kräften
* Verbinden von Himmel und Erde und den fünf Elementen
* Erwachen des Lichtkörpers
* Heilen alter karmischer Verbindungen
* Lesen in der Akashachronik
* Erwecken, Erwachen
* Ausgewogenheit der Kräfte
* Schöpferbewusstsein
* Klarheit
* Erkenntnis
* Heilen auf verschiedenen Ebenen des Seins
* Toröffnung
* Licht und Liebe
* Bewusstsein
* Herzensintelligenz
* Harmonie, All-Eins-Sein, Balance und Ausgewogenheit
* ICH BIN

Der Schlüssel zur Schöpfung

Am Anfang des Universums war alles eins. Aus dem unendlichen Feld der Einheit musste ein endliches Feld entstehen, damit die Schöpfung sich selbst erfahren konnte. Innerhalb der endlichen Struktur, in der wir uns befinden, gibt es ein Potenzial von unendlichen Informationen. Wir sind in Form gebrachte Ewigkeit. Wir bringen das unendliche Potenzial in unserem Inneren durch unsere Gedanken, unsere Gefühle, unsere Worte und unsere Handlungen in die Welt, d. h., wir bringen Geist in eine materielle Form.

Metatron ist der Hüter der vollkommenen Formen, die in allem enthalten sind. Metatrons Würfel ist in der Blume des Lebens enthalten, entsteht aus ihr und steht für vollkommene innere Balance. Er setzt sich in der zweidimensionalen Darstellung aus 13 Kreisen und in der dreidimensionalen aus 17 Kugeln zusammen. Diese sind jeweils durch Linien von ihrem Mittelpunkt aus miteinander verbunden. Aus der Verbindung ergeben sich die Formen der Heiligen Geometrie, aus denen die gesamte Schöpfung aufgebaut ist. Mit Metatrons Würfel halten wir den Schlüssel zur Unbegrenztheit innerhalb einer begrenzten Schöpfung in der Hand. Das heißt, wir »erfahren Gott in allem«.

Metatrons Würfel und die Heilige Geometrie

Blume des Lebens und Frucht des Lebens

Die Blume des Lebens, auch »Christusgitter« oder »vollkommene Matrix« genannt, ist das vollkommenste Schöpfungsmuster, das Symbol der lebendigen Schöpferkraft, aus der alles entsteht. Sie ist die Grundlage aller Existenz. In ihr finden wir das geistige Gesetz der Alchemie, das Gesetz der Einheit: Eins ist alles, alles ist eins. Dadurch, dass wir uns an die Vollkommenheit in allem erinnern, kann die Blume des Lebens in uns erwachen.

Aus der Blume des Lebens bildet sich in zweidimensionaler Darstellung aus 13 Kreisen die Frucht des Lebens. Die 13 ist die Zahl der Einweihung. Jesus hatte 12 Jünger, mit ihm sind es 13. Das Jahr besteht aus 12 Monaten und 13 Mondmonaten. Das 13. Prinzip ist das Prinzip des Opfers, durch das neue Formen und Verbindungen entstehen können. In dem 12./13. Prinzip verbirgt sich die Verbindung aus männlich und weiblich, Tag und Nacht, Sonne und Mond. Die Einheit teilte sich in 12 Teile, damit wir die 12 Aspekte kennen und meistern lernen. Wenn sie in uns zusammengefügt und alle aktiviert sind, beginnt die Entwicklung in höhere Dimensionen. Der vollkommene Mensch bildet sich heraus. Die 13 ist der Anfang einer neuen holistischen Wirklichkeit.

Die Frucht des Lebens enthält komplexe Informationen und gilt als weibliches Schöpfertor zur Materialisierung von Fülle. Fülle kann sich auf vielerlei Art ausdrücken. Fülle und Überfluss sind immer vorhanden, und für jeden ist genug da. Werfen wir einen Blick in die Natur: Sie »fließt über« und produziert mehr, als wir zum Leben brauchen. Wir können z. B. die Kerne in einem Apfel zählen, aber nicht die Bäume, die über Baumgenerationen aus diesen hervorgehen werden. Es gibt unendlich viele Wege und Möglichkeiten auf allen Ebenen, in einem endlichen Raum. Wir sollten uns dieser Fülle bewusst werden.

Merkaba

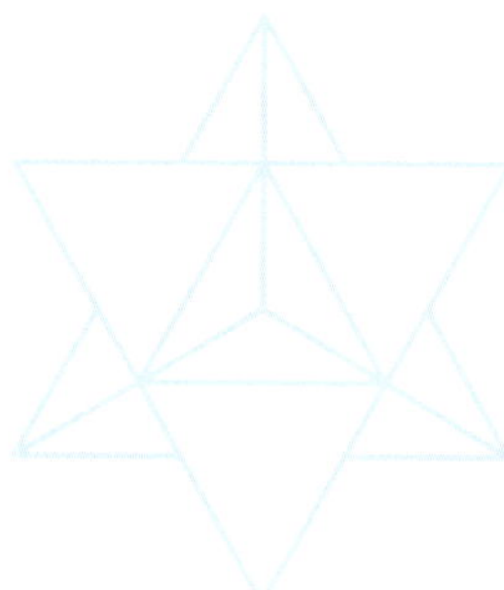

Verbindet man die Kreise der Frucht des Lebens von deren Mitte aus durch Linien miteinander, ergibt sich ein Feld mit unbegrenztem Potenzial. Weibliche Energie drückt sich in diesem Feld in Kurven aus und männliche in Linien. In der Verbindung dieser Kräfte entsteht immer wieder Neues. Gemäß des siebten Prinzips der geistigen Gesetzmäßigkeiten ist Geschlecht in allem. Alles hat männliche und weibliche Prinzipien. Keine Schöpfung, sei sie mental, energetisch oder physisch, kann unabhängig von diesen beiden Kräften existieren. Jedes männliche Prinzip enthält das weibliche, und jedes weibliche Prinzip enthält auch das männliche.

Die Merkaba ist das Feld, in dem sich Weiblich und Männlich vereinen. Wir haben im Merkabafeld das Sonnentetraeder und das Erdtetraeder, zwei Felder, die gegeneinander- und ineinandergeschoben sind und die durch ihre Vereinigung und Rotation ein Lichtfeld aufbauen. Die Merkaba ist das Urmuster, durch das alles Sichtbare und Unsichtbare entstanden ist, die ursprüngliche Lichtstruktur, die in jedem lebendigen Organismus zu finden ist. Sie entsteht in einer großen Form und ist im Kleinen noch einmal vorhanden. Das Zentrum der großen Merkaba ist das Herz, das Zentrum der kleinen Merkaba ist das Schöpfungszentrum, in dem alles Leben seinen Ursprung hat. Wir alle kommen durch eine lebendige Merkaba, durch die Verbindung und die Liebe von Männlich und Weiblich, in diese Ebene. Männlich und weiblich, in Liebe vereint, öffnen die Tore zu höheren Dimensionen.

Die Merkaba entspricht der 11:11, dem Lichtkörper, der uns wieder mit unserer ewigen Natur verbindet. Sie ist das Gefährt des Aufstiegs, auch »Himmelsgefährt« oder »der Wagen«, eine kristalline Lichtstruktur, mit der wir in unserer Ganzheit in andere Ebenen und Dimensionen reisen, wandeln und ganz neue Erfahrungen des Seins machen können. Die Merkaba bietet unbegrenzte Möglichkeiten. Mer-Ka-Ba bedeutet, dass unser Energiefeld von einem lichtvollen rotierenden Energiefeld durchdrungen und umgeben ist. Die Spirale der Energie, die in unserem Feld freigesetzt wird, transportiert Informationen von einer Dimension in die andere und ermöglicht uns neue Erfahrungen des Seins.

Das menschliche Energiefeld ist von einer Aura umgeben, und wenn wir die Aura bewusst auf das Höhere Selbst ausrichten, entstehen um sie herum klare Lichtstrukturen. Jeder, der sich erlaubt, sein Energiefeld, sprich die Merkaba, zu entfalten, wird von unglaublichen Erfahrungen berichten können.

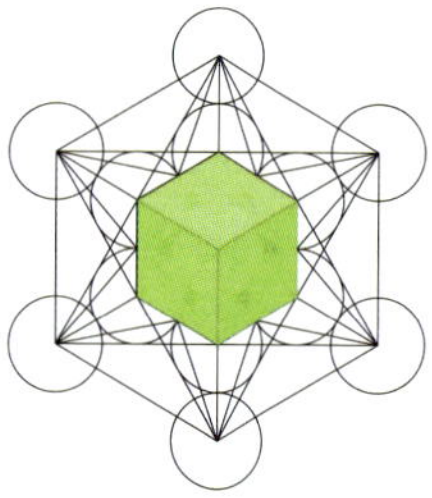

Hexaeder – Erde

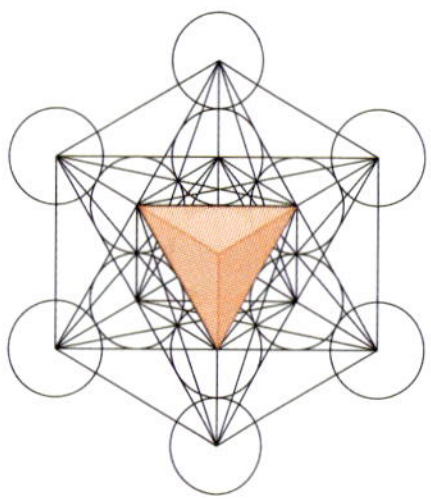

Tetraeder – Feuer

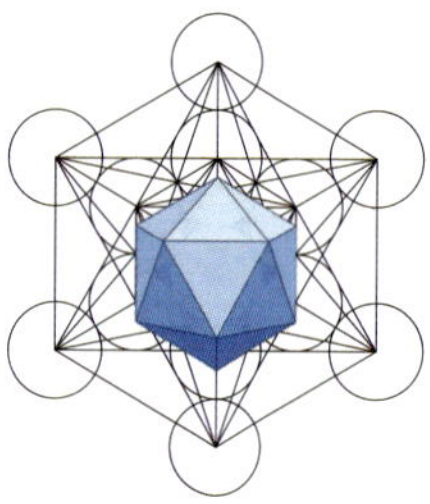

Ikosaeder – Wasser

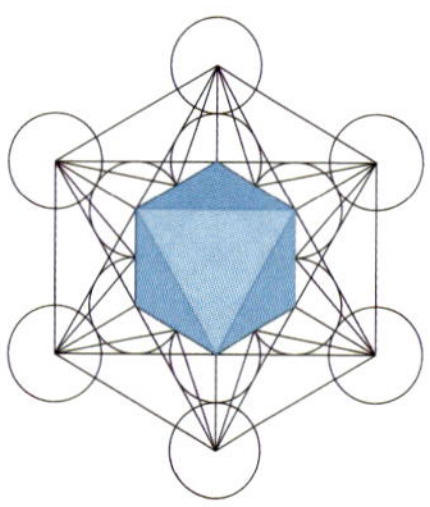

Oktaeder – Luft

Dodekaeder – Äther

Metatrons Würfel

Metatrons Würfel besteht aus verschiedenen Gitterstrukturen. Wollen wir den Aufbau von Metatrons Würfel und das darin enthaltene unendliche Potenzial erfassen, hilft es, sich die Eigenschaften eines Atoms zu vergegenwärtigen. Atome kann man sich als Punkte vorstellen, die von Elektronen mit neun Zehntel Lichtgeschwindigkeit umkreist werden. Durch diese Rotation bilden sich kugelförmige Elektronenwolken. In Kristallen gehen diese Kugelformen Gitterstrukturen ein, bilden Kanten und geometrische Formen. So wird unendliche Energie in endlichen Mustern erzeugt. Metatrons Würfel beschreibt den Prozess der Schöpfung. Er ist die Verbindung zwischen Endlichkeit und Unendlichkeit.

Zahlenmystisch betrachtet, beinhaltet die 17 (Metatrons Würfel umfasst 17 Kugeln) die 1 und die 7. Die 1 ist der Magier, der als fünfte Kraft im Zentrum die vier elementaren Kräfte (Erde – Pentakel, Wasser – Kelch, Luft – Schwert, Feuer – Stab) lenkt und leitet. Die 7 symbolisiert den Einweihungsweg der Menschheit. 1 plus 7 wiederum ergibt 8, und die 8 steht für die Vollendung, die Ewigkeit, die Erfüllung des Plans.

In der dreidimensionalen Darstellung von Metatrons Würfel ergeben sich durch weitere Linienverbindungen schließlich die heiligen geometrischen Formen, die Urbausteine der Schöpfung, in einer absoluten Harmonie miteinander.

* Hexaeder – Erde
* Tetraeder – Feuer
* Ikosaeder – Wasser
* Oktaeder – Luft
* Dodekaeder – Äther

Meditieren wir über Metatrons Würfel, können wir neben den platonischen Körpern weitere Formen und Flächen erfahren. Immer neue Einsichten, Informationen und Bilder offenbaren sich, wenn wir mit Metatrons Würfel arbeiten. So können wir einen geschliffenen Diamanten erkennen, der im Zentrum der zweidimensionalen Abbildung leuchtet. Selbst die Kabbala und der Bauplan des Menschen sind in Metatrons Würfel enthalten. Durch die Meditation mit Metatrons Würfel können wir unser holografisches Gedächtnis entwickeln, denn er führt uns die Schöpfung bildlich vor Augen.

Mit welchem naturwissenschaftlichen Zweig wir uns auch befassen, wir werden immer auf diese Grundstrukturen stoßen, auf denen die Schöpfung aufgebaut ist. Es handelt sich um ein alles enthaltendes, alles durchdringendes und immer wiederkehrendes Grundmuster. Wer sich mit Chemie befasst, kann in Metatrons Würfel beispielsweise Grundformen der chemischen Verbindungen erkennen u. v. m.

Hexagon

Auch das Hexagon, das Sechseck, ist Teil von Metatrons Würfel. Es gehört zu den Grundbausteinen des Lebens, denn es ist in allem lebenden Gewebe und somit in allen Lebewesen enthalten. Aus diesem Grundmuster können in der Verbindung mit anderen platonischen Körpern, die Teil von Metatrons Würfel sind, viele weitere Muster entstehen.

Besonders deutlich finden wir das Hexagon in den sechseckigen Zellen der Bienenwabe wieder. Die Bienenwabe ist, bildlich gesprochen, die Keimzelle für die Entstehung von Leben, für Wachstum und für Harmonie. Sie hat ein hohes Fassungsvermögen und symbolisiert Kraft, Halt und Schutz. Auch ist sie die Produktionsstätte des Honigs, in ihr wird sozusagen der »Nektar des Lebens« hergestellt. Den Bienen dient sie zudem als Informations- und Wissensspeicher und bietet Schutz gegen Viren und Schädlinge. Bienenwaben können schädliche Erdstrahlungen neutralisieren. Die Wabenform ist durchlässig und doch äußerst stabil und wird auch von uns Menschen gern bei Dämmmaterial verwendet, um negative Einflüsse abzuhalten.

Sechseckige Strukturen bilden sich in der Natur dort aus, wo sich ein Gleichgewicht der Kräfte einstellt. Sie kommen beispielsweise in Schneekristallen vor. Ökonomisch betrachtet, verbirgt sich hinter hexagonalen Strukturen der geringste Materialaufwand mit dem größtmöglichen Fassungsvermögen, der gleichzeitig Offenheit und doch höchste Stabilität gewährleistet. Hexagone können sich nahtlos verbinden, mit allem in einen harmonischen Kontakt treten und bewirken größtmögliche Entfaltung. Auch schützt das Hexagon, wie bereits angedeutet, vor schädlichen Einflüssen und Strahlen. Es wird deutlich, wie groß der Einfluss von Metatrons Würfel auf alles Leben ist. Mit ihm können wir uns immer neu auf bewusste Weise verbinden, um Dinge in Form, Harmonie und Gleichgewicht zu bringen.

Wirken mit Metatrons Würfel

In der Meditation mit Metatrons Würfel können sich immer wieder neue Facetten, neue Informationen und Muster offenbaren. Stelle dir vor, wie du im dreidimensionalen Raum in der Meditation sitzt und eine neue Art der Sicht erfährst, die alles verbindet und jegliche Widersprüche auflöst. Duale Systeme werden zur Einheit. Es ist nicht so leicht, diese Erfahrungen zu Papier zu bringen, stattdessen empfehlen wir dir, deine eigenen Erfahrungen in der Meditation mit Metatrons Würfel zu machen. Metatrons Würfel ist das »Kaleidoskop der Schöpfung«. Er ist der Schlüssel zur Heiligen Geometrie. Wenn du mit ihm meditierst, kannst du erfahren, mit welcher geometrischen Figur du arbeiten kannst, um dein Energiefeld mit der Schöpfung in Harmonie zu bringen. Das Bild auf S. 37 soll dir als Meditationshilfe dienen. Im Anschluss geben wir dir mehrere Beispiele für deine Meditationspraxis, unter anderem eine Einführung in den 3-D-Blick, der deine visuelle Vorstellungskraft schult.

Weit- und Durchblick

Die Voraussetzung für die Meditation mit offenen Augen ist die Fähigkeit, die Augenmuskulatur zu entspannen und sie über die gesamte Meditation entspannt zu halten. Die meisten Menschen gebrauchen ihre Augen nur in einem eingeschränkten Radius, dadurch verkümmert ihre Augenmuskulatur. Sie begrenzen ihren Blick und schränken die Möglichkeiten ein, die ihnen ein weiter und offener Blick gibt. Sie verlieren ihre Flexibilität. Daher öffne dich immer wieder neuen Sichtweisen.

Der Stereoblick

Halte einen Zeigefinger ca. 15 cm von dir entfernt. Du wirst bemerken, dass er doppelt erscheint bzw. du durch ihn hindurchschauen kannst, wenn du dich auf einen Gegenstand hinter dem Finger fokussierst.

Übungen für die Augen

Bevor du mit der Meditation beginnst, probiere die folgenden Augenübungen aus. Es ist wichtig, dass du deine Augen immer wieder trainierst und fit hältst, besonders dann, wenn du viel am Bildschirm arbeitest.

Probiere Folgendes:

* Halte deinen Kopf gerade, und bewege lediglich deine Augen nach oben, unten, links und rechts.
* Rolle die Augen im Uhrzeigersinn.
* Rolle die Augen gegen den Uhrzeigersinn.
* Schaue auf einen Horizont in der Ferne.
* Lasse deinen Blick schweifen.
* Blicke auf ein Detail vor dir.
* Wechsle den Fokus von einem Gegenstand, der vor dir liegt, zu einem weiter entfernten Objekt. So trainierst du dein Augenmaß.
* Drehe deinen Kopf, und schaue so weit, wie du kannst. Drehe deinen Kopf anschließend in die Ausgangsposition zurück, schließe deine Augen, und stelle dir vor, du hättest ein Blickfeld von 180°. Drehe dann den Kopf noch einmal. Du wirst bemerken, dass sich dein Blickfeld erweitert hat.
* Sieh in den Himmel, und öffne dich der Weite des Geistes.

Meditation mit offenen Augen

Sieh dir das Bild von Metatrons Würfel auf S. 37 an. Die zweidimensionale Abbildung enthält eine dreidimensionale Ebene. Halte das Bild direkt vor dein Gesicht, an die Nasenspitze. Du siehst zunächst verschwommen. Bewege das Buch dann langsam von deinem Gesicht weg, halte jedoch deinen Blick fest auf das Bild gerichtet. Vielleicht öffnet sich dir die dritte in dem Bild enthaltene räumliche Dimension, und du kannst die geometrischen Figuren, den Kristall, die Pyramide, darin in ihrer dreidimensionalen Form erkennen. Dies öffnet dich für eine holografische Sicht und macht dir Metatrons Würfel auf ganz neue Weise zugänglich. Der nächste Schritt ist, dass du in diesem Raum, in diesem Hologramm, herumspazierst und die geometrischen Figuren in ihrer rotierenden Form erlebst. Welche Figur zeigt sich dir besonders deutlich? Diese ist der Wegweiser für deine praktische Arbeit.

Meditation mit geschlossenen Augen

Das Meditieren mit geschlossenen Augen ist wesentlich einfacher als das mit offenen Augen. Betrachte zunächst fünf bis zehn Minuten lang intensiv das Bild von Metatrons Würfel auf S. 37. Schließe dann deine Augen, und lasse das Bild in deiner Vorstellung entstehen. Welche geometrische Form zeigt sich dir besonders deutlich? Mit dieser Form solltest du arbeiten. Lies das Kapitel zur entsprechenden Form.

Meditation mit einer Frage

Stelle dir vor dem Meditieren die Frage, in welcher Situation du dich gerade befindest, und formuliere daraus eine klare Absicht: »Worauf möchte ich eine Antwort finden?«, »Welche geometrische Figur kann mir dabei helfen, eine Antwort für mein Problem zu finden?«, »Welche geometrische Figur unterstützt mich in dieser Situation?«, »Wie kann ich diese Situation auflösen?« usw. Wenn du dir darüber im Klaren bist, nimm das Bild von Metatrons Würfel auf S. 37 zur Hand, und schaue, was sich dir in der Meditation zeigt.

Reise in oder mit Metatrons Würfel

Unternimm eine schamanische Reise in oder mit Metatrons Würfel. Öffne dich den Botschaften, die du in deiner Seele erhältst. Da die Heilige Geometrie Grundbaustein der Schöpfung und der Natur ist, eignet sie sich hervorragend für das schamanische Reisen.

Wie schon beschrieben, gibt es auf dem schamanischen Weg die Musterkunde, die auf diesen Grundbausteinen basiert. Man stellt dabei das ursprüngliche Muster wieder her, und Heilung kann geschehen. Die schamanische Reise gehört zu den ältesten Methoden, mit allen Kräften in Kontakt zu treten, sich zu verbinden und Informationen und Möglichkeiten zur Heilung zu erhalten, z.B. bei Erd- und Energieheilungen. Man reist auf dem Klang, meistens auf dem einer Trommel. Diese symbolisiert den Herzschlag, den lebendigen Lichtimpuls, der die ganze Schöpfung durchdringt. Dieser Klang bringt uns in die »nicht alltägliche Wirklichkeit« und in andere Dimensionen. Die schamanische Reise ist ein Weg zum universellen Wissen, auf dem wir lernen, Harmonie und Gleichgewicht in unser Leben zu bringen. Man reist, wenn man eine konkrete Frage hat oder Hilfe braucht.

Bereite dir einen Platz vor, am besten auf der Erde. Lege eine Musik mit Trommelschlägen oder anderen meditativen Klängen auf. Fühle, wie die Erde dich trägt. Nun betrachte Metatrons Würfel auf S.37 mindestens fünf Minuten lang, und bitte darum, geführt zu werden. Du kannst mit einer bestimmten Absicht reisen.

Frage z.B.:

* »Was bedeutet dieses Symbol für mich?«
* »Wie kann ich mit dem Symbol arbeiten?«
* »Wie unterstützt mich das Symbol in meiner momentanen Lebenssituation?«
* »Wie kann mich das Symbol im Heilungsprozess unterstützen?«
* »Wie kann ich meine schöpferische Energie freilegen und dazu verwenden, eine positive Situation zu erschaffen oder eine Situation, die mir nicht mehr dient, zu heilen und aufzulösen?«

* »Welche Grundform hilft mir bei dieser Angelegenheit?«
* »Was kann ich tun, damit Heilung geschieht?«

Du kannst aber auch einfach darum bitten, dass das Symbol dein ganzes Energiefeld in Balance bringt und dir vielleicht das Element zeigt, das nicht im Gleichgewicht ist, damit es jetzt heilen kann. Oder du verbindest dich mit Metatron und lässt dich von ihm anleiten.

Oft entwickeln sich aus dem von einer schamanischen Reise mitgebrachten Wissen segensvolle Zeremonien und heilsame Rituale, in denen die Grundbausteine der Schöpfung verwendet werden – die Heilige Geometrie. Die Möglichkeiten sind nahezu unbegrenzt. Wir geben dir hier lediglich ein paar Anregungen.

Metatrons Würfel als Amulett

Metatrons Würfel gibt es als Amulett. Es hält das eigene Energiefeld im Gleichgewicht und schützt vor Kräften, die diese Balance stören wollen. Mit ihm können wir besser bei uns und in unserer eigenen Anbindung bleiben, aus der heraus wir handeln. Wir agieren, statt zu reagieren. Wenn etwas an uns herangetragen wird, treten wir zurück und schauen, was unser Selbst dazu sagen möchte. Auf diese Weise geben wir Schritte und Antworten vor, die im Einklang mit unserer Seele sind. Wir fühlen uns beschützt und behütet im Zentrum des Seins, frei von jeglichen Disharmonien. Wir können in jeder Situation souverän und friedvoll auftreten und so Dinge auf gute, klare, wertschätzende Weise lenken.

Mit Metatrons Würfel lassen sich auch Schwingungsmittel (z. B. Bachblüten) mit allen Elementen und der Kraft der Schöpfung aufladen, indem man sie in die Mitte des Musters stellt.

Rückkehr zur Einheit

Im Schlüssel von Enoch erfahren wir, dass wir dazu auserkoren sind, die zehnte Hierarchie zu werden, Adam Kadmon, der erwachte Gottmensch, ein Mensch, der von all seinen Fähigkeiten, Kräften und Begabungen Gebrauch macht und der um die Unsterblichkeit und Ewigkeit des Lichtes weiß, das in ihm strahlt.

Metatron und Miranlaya können uns auf diesem Weg führen und begleiten, wenn wir sie in unser Leben einladen. Sie helfen uns dabei, Probleme zu entschlüsseln und in die Balance zu kommen. Metatrons Würfel führt uns zurück zum ursprünglichen Bewusstsein, zur Harmonie, zur kosmischen Ordnung und dem Gleichgewicht in allem.

Wir wissen, dass wir göttlichen Ursprungs sind, und wir sollten uns dieser Quelle öffnen und uns von ihr führen lassen. Was Gott gehört, gehört auch uns. Wir können in Liebe, Überfluss, Fülle und Freiheit leben und hier auf der Erde wandeln. Gott, das Eine, die Quelle, hat sich nie geändert, er ist, er war, und er wird sein. Wir sollten uns dieser Einheit in allem wieder ganz und gar zuwenden und diese Kraft durch uns in diese Welt fließen lassen. Was wir aus einer tieferen inneren Anbindung tun, wird uns frei machen, mit Erfolg segnen und uns und alle, die mit uns sichtbar und verborgen verbunden sind, weitertragen. Wahrheit ist frei, klar und unbegrenzt.

Als zehnte Hierarchie Gottes sind wir dazu auserkoren, zu Menschen zu werden, die von der Liebe, den Begabungen und den Kräften, die in uns liegen, weisen Gebrauch machen und sich dem unendlichen Feld öffnen.

Wir können den Weg zurückgehen.

Die platonischen Körper sind die Grundbausteine allen Lebens und Formen aus einer ewigen Dimension, die in der endlichen Dimension enthalten sind. Sie helfen uns dabei, uns wieder zu erinnern, stimmen die ätherische Oktave in uns an und aktivieren den Lichtkörper in seiner reinsten und harmonischsten Schwingung.

Die platonischen Körper

Im vorangegangenen Kapitel hast du erfahren, dass die Formen der Heiligen Geometrie in der Blume des Lebens und in Metatrons Würfel enthalten sind. Nun wollen wir uns den einzelnen platonischen Körpern und ihren Besonderheiten widmen.

Wer war Platon?

Die platonischen Körper sind nach dem griechischen Philosophen Platon (428/427 v. Chr.–348/347 v. Chr.) benannt. Obwohl sie viel älter sind, bekamen sie erst durch Platon mehr Aufmerksamkeit.

Platon stammte aus einer vornehmen und wohlhabenden Familie Athens und genoss eine hervorragende Erziehung. Er war ein Schüler des Sokrates, und seine Schriften sind von dessen Methoden und Denken und den Gesprächen mit ihm geprägt. Platon setzte mit seinen Werken Maßstäbe in den verschiedensten Geisteswissenschaften wie der Metaphysik, der Ethik, der Anthropologie, der Staatstheorie, der Kosmologie, der Erkenntnistheorie, der Kunsttheorie und der Sprachphilosophie. Er gründete die Platonische Akademie, eine der ältesten institutionellen Philosophenschulen in Griechenland. Einer seiner Schüler war Aristoteles, der jedoch mit der Zeit immer mehr von Platons Ideen abrückte.

Die Kernfrage für Platon war, wie man unzweifelhaftes, nachprüfbares, gesichertes Wissen erlangt, das sich deutlich von einer bloßen Meinung oder Theorie unterscheidet. Er hinterließ viele bedeutende Werke, Abhandlungen, Briefe und Dialoge. Vieles wurde zu seiner Zeit mündlich weitergegeben und ist teilweise in zahlreichen Zeugnissen seiner Schüler überliefert, anderes durfte nicht erwähnt werden. Auch wurden einige Werke zwar unter seinem Namen verfasst, jedoch bezweifelt man heute, dass sie von Platon stammen.

Nach Platons Überzeugung kann ein Urwissen nur aus einem ewigen, unvergänglichen Feld hervorgehen, das die gesamte Schöpfung durchdringt.

Für ihn ist die Seele jener Teil der Unsterblichkeit, der Zugang zu einer absoluten Wahrheit hat. Der Körper ist der »Tempel« der Seele, negativ formuliert aber auch ihr »Gefängnis« oder »Grab«. Was die Seele zuvor an einem »überhimmlischen Ort« geschaut hat, kann sie nach dem Eintritt in den Körper durch Wahrnehmung, Gespräche und Anleitungen eines Lehrers wiedererlangen. Das Wissen liegt in uns.

Geometrische Figuren sah Platon als absolutes Maß für Schönheit, Einheit und Schöpfung. Ordnung, Maß und harmonische Proportionen waren für ihn die Kriterien der Schönheit. Willkürliche Abweichungen von dieser Norm und Maßlosigkeit mussten Hässlichkeit hervorbringen. Sein Interesse galt dem Geistigen und nicht der Welt der Erscheinungen, die für ihn reine Abbildungen von Ideen waren. Platon beschreibt in seinem Spätwerk »Timaios« eine universale Kosmologie, die auf heiligen geometrischen Figuren basiert, die alle miteinander verbunden sind.

An dieser Stelle ist noch zu erwähnen, dass Platon sich intensiv mit dem »Mythos Atlantis« befasste. Er soll wirklich dort gewesen sein, mit den Meistern des Lichtes in Verbindung gestanden und von dort seine Weisheit bezogen haben.

Worauf wir hinweisen möchten: Die platonischen Körper, die Grundbausteine der Schöpfung, sind, wie schon angesprochen, erheblich älter als Platon, und es gibt einige Hinweise darauf, dass das Wissen über sie in allen Zeitaltern in den alten Mysterienschulen bewahrt und von den großen Meistern des Lichtes gelehrt wurde, so auch in Lemuria, Atlantis, Ägypten sowie in den alten Kulturen der Maya, Tolteken und Azteken. Des Weiteren soll sich ihr Geheimnis, in Licht geschrieben, in den Hallen von Amenti befinden, den ältesten und heiligsten Hallen dieser Erde (siehe Kapitel »Die Hallen von Amenti«).

Was sind die platonischen Körper?

»Die Natur ist ein Brief Gottes an die Menschheit.«
Platon

Die platonischen Körper, auch »reguläre Polyeder« (gleichmäßige, dreidimensionale Figuren) genannt, sind dadurch charakterisiert, dass ihre Seitenflächen regelmäßige und zueinander kongruente Vielecke sind, von denen in jeder Ecke des Körpers gleich viele Flächen zusammentreffen.

Die Namen der platonischen Körper sind griechisch und bezeichnen die Anzahl ihrer Flächen:

Tetraeder: Vierflächner (tetra = vier) aus vier Dreiecken
Hexaeder: Sechsflächner (hexa = sechs), Würfel aus sechs Quadraten
Oktaeder: Achtflächner (okta = acht) aus acht Dreiecken
Dodekaeder: Zwölfflächner (dodeka = zwölf) aus zwölf Fünfecken
Ikosaeder: Zwanzigflächner (ikosa = zwanzig) aus zwanzig Dreiecken

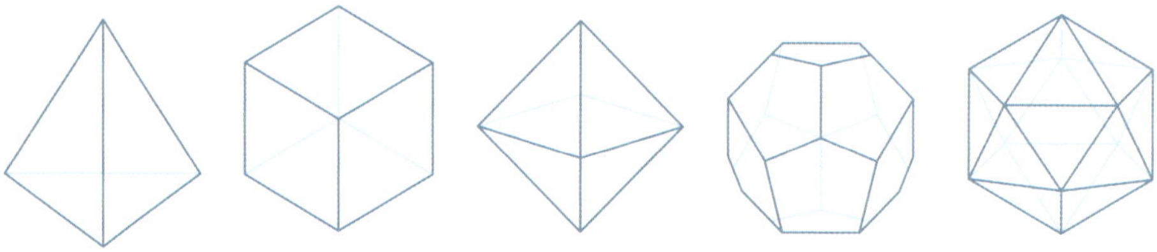

Tetraeder Hexaeder Oktaeder Dodekaeder Ikosaeder

Daneben gibt es, je nach Zählweise, 13 oder 15 archimedische Körper (zwei der Figuren sind spiegelverkehrt und werden mal mitgezählt, mal weggelassen). Dabei handelt es sich um eine Klasse von sehr regelmäßigen geometrischen Körpern, die den platonischen Körpern ähneln. Sie wurden nach Archimedes benannt, der sie im dritten Jahrhundert vor Christus entdeckte. Jeder dieser archimedischen Körper kann durch Abstumpfen aus einem platonischen Körper erzeugt werden, sie entspringen also den platonischen Körpern.

Die platonischen Körper sind die einzigen konvexen (nach außen gewölbten) Körper dieser Art. Sie zeigen eine größtmögliche Symmetrie und haben die Eigenschaft, dass sie bei einem Wurf mit exakt der gleichen Wahrscheinlichkeit auf jede ihrer Flächen fallen können. Sie bieten die Basis für alle Formen der Schöpfung und können sich auf viele Arten miteinander verbinden.

Verbindet man die Mittelpunkte benachbarter Seitenflächen eines platonischen Körpers, erhält man wieder einen platonischen Körper mit demselben Mittelpunkt. Dieser Körper wird dann als »Dualkörper« bezeichnet.

In den platonischen Körpern ist die Unendlichkeit enthalten, da sie sich durch Linienverbindungen unendlich oft nach innen und außen vervielfältigen lassen. Damit sind sie Teil einer unendlichen Schöpfung, die in einer endlichen Schöpfung verankert ist, allgemeingültig und ewig.

Die Heilige Geometrie verbindet eine höhere Seinsebene mit der Dimension von Raum, Zeit und Form und schafft größtmögliche Harmonie. Sie erinnert uns an die Ewigkeit in allem, die Einheit, die Liebe, die Schönheit, die Vollkommenheit und die Vollendung innerhalb der Schöpfung.

Im Mineralreich können wir die platonischen Körper am deutlichsten erkennen. In der Kristallografie findet man ein System zur Unterscheidung von Mineralien, das auf den Formen der fünf platonischen Körper beruht. Minerale werden aufgrund ihrer Formen bestimmten Gruppen (32 Kristallklassen) geometrischer Körper mit Mehrfachkombinationen von Flächenelementen (Polyeder oder Vielecke) zugeordnet. Einige Minerale bilden Kristalle, die den platonischen Körpern entsprechen oder die aus einer Kombination platonischer Körper bestehen.

Es gibt verschiedene Dimensionen des Seins, in denen sich die Schöpfung offenbart. In all diesen Dimensionen sind wir selbst. Gleich, womit wir uns beschäftigen, wir sind immer nur das eine Selbst. Das geistige Selbst, das Quellbewusstsein, braucht weder Zeit noch Raum, weil es sich überall befindet und sich ausdehnen kann, auch durch eine begrenzte dreidimensionale Form hindurch.

In unserem Herzen befindet sich eine fünfte Kammer, die dem Dodekaeder, dem heiligsten Körper der Heiligen Geometrie, gleich ist. Sie ist das Samenkorn Gottes, in dem sich das Quellbewusstsein nach innen und nach außen in jeden Raum und in jede Dimension ausdehnen kann. In dieser fünften Kammer des Herzens, die 1920 von Dr. Otoman Zar Adusht Hanish entdeckt, untersucht und einmillionenfach vergrößert wurde, befindet sich der ewige Teil unseres Selbst, das »Schlüsselloch« zur Ewigkeit. Gott, das Selbst, wohnt direkt in unserem Herzen, und durch die Verbindung mit dem ewig schwingenden Licht in uns können wir uns immer mehr in diesen alles durchdringenden Raum der Einheit hineindehnen. Das, was wir »Universum« nennen, hat keinen Anfang und kein Ende. Alle Dimensionen stammen aus der einen Quelle, der Quelle der Einheit. Sie sind miteinander verbunden und durchdringen einander durch feinstoffliche Gitternetze (siehe Kapitel »Das Dodekaeder«).

Die verschiedenen Dimensionen unterscheiden sich durch Schwingungsdichte bzw. Schwingungsfrequenzen. Je höher eine Schwingung ist, desto feinstofflicher ist sie und desto mehr dehnt sie sich in andere Seinsbereiche aus. Wir sind multidimensionale Wesen, und zwischen den verschiedenen Dimensionen findet ein ständiger Austausch von Informationen statt.

Überblick über die Dimensionen

* 1. Dimension: Linie oder Länge – Strich
* 2. Dimension: Ebene oder Breite – Fläche
* 3. Dimension: Form oder Höhe – räumliche Vorstellung
* 4. Dimension: Zeit und Raum bauen materielle Formen auf und ab – Endlichkeit
* 5. Dimension: energetische Ebene; Erwachen über Raum und Zeit in einen höheren Bewusstseinsgrad; der Lichtkörper erwacht. Alle Ebenen über der 5. Dimension sind reine Gefilde, deren Energie unbestechlich ist. Man kann das Höhere gegen das Niedrigere verwenden, aber nicht umgekehrt. In der 5. Dimension beginnen die Heilebenen, von hier stammen die heilenden Strömungen, zu denen auch die vollkommenen geometrischen Formen und Muster gehören.

* 6. Dimension: energetische Dimension von Raum und Zeit; feinstofflicher Abdruck aller Formen; Möglichkeiten zur direkten Einflussnahme (Matrix, Blaupause); geometrische Formen
* 7. Dimension: Christusebene; grenzenlose Feinstofflichkeit; ewig freie Energie; holistische Sicht; Emotionen höherer Art wie Frieden, Freude, Ekstase, Einheit
* 8. Dimension: spirituelles Licht; Matrix; Bausteine der Schöpfung; sich ständig verändernde geometrische Wellen und Muster
* 9. Dimension: reiner Logos
* 10. bis 12. Dimension: Einklang, Einssein; Heilfrequenzen in verschiedenen Schwingungen

Die Dimensionen greifen, wie gesagt, alle ineinander und sind nicht voneinander getrennt. Höhere Dimensionen können von niedrigen Dimensionen nicht beeinflusst oder verändert werden, jedoch können höhere Ebenen niedrigere Ebenen zur Entwicklung anregen. Mit jeder Öffnung in höhere Ebenen können niedrig schwingende Dimensionen beeinflusst werden, und wir erleben einen Raum unendlicher Möglichkeiten, eine Komplexität und eine Freiheit, die mit Worten nicht beschrieben werden können.

Auf unserer Erde, in unserem Körper, befinden wir uns in der materiellen, dritten Dimension. Wir haben Raum, Zeit und Maß sowie einen Anfang und ein Ende. Unser Körper lässt sich genau vermessen, doch er basiert auf einer höheren kosmischen Grundlage. Im Kern unseres materiellen Seins ist die Ewigkeit verankert, und wir haben die Möglichkeit, mit der Quelle in uns in Verbindung zu treten. Wenn wir genau hinschauen, erkennen wir, dass alle Strukturen der dreidimensionalen Schöpfung, einschließlich des menschlichen Körpers, aus Formen und Verbindungen der Grundbausteine der Schöpfung resultieren.

Die feinstofflichen Bausteine der Erde haben ein geistiges Lichtprogramm und sind ein Teil der Schöpfung, die sich in ihnen erfahren und reflektieren kann. Es findet ein ständiger Austausch von Lichtimpulsen statt. Dadurch können wir hier auf der Erde seelisch, körperlich und geistig wachsen. Wir können mit unserem Bewusstsein neue geistige Räume betreten. So, wie eine Form vollendet sein kann, können wir uns hier auf der Erde in der Form vollenden.

In unserem Lebensverlauf tauchen Sinnfragen auf wie:

* »Wer bin ich?«
* »Woher komme ich?«
* »Warum bin ich hier?«

Der Aufbruch in höhere Dimensionen, über die vierte hinaus, erfolgt, weil sich in dieser keine Antworten finden lassen. Wir wenden uns dem geistigen Prinzip zu, und über die feinstofflichen Lichtkanäle beginnen wir, Antworten aus anderen, feinstofflicheren und höher schwingenden Dimensionen und Paralleluniversen zu erhalten. Über dem Eingang des Tempels des Apollon in Delphi steht geschrieben: »Erkenne dich selbst.« Sieh dich selbst an, und ändere dich, denn damit veränderst du die Welt. So beginnen wir, auf dem Pfad der Selbsterkenntnis zu wandeln.

Jeder Mensch und jede Generation hier auf der Erde hat einen Zugang zum spirituellen Wissen und zur ewigen Wahrheit. In Kontakt mit höheren Dimensionen wird das Licht in allem verstärkt. Die Schwingung der Liebe, der Harmonie und der Schönheit erwacht in uns. Wir nehmen bewusst wahr, was wir vorher nur erahnen konnten.

Viele Heilige, Meister und Weisheitslehrer werden in einem strahlenden Lichtkranz dargestellt, der ihr erwachtes Bewusstsein symbolisiert. Sie kommunizieren über die Sprache des Lichtes mit höher schwingenden Lichtwesen aus anderen Dimensionen und halten sich schon zu Lebzeiten in der Ewigkeit auf. Einige Meister und Meisterinnen des Lichtes konnten ihre Schwingung so weit anheben, dass sie mit ihrem Körper in die nächste Dimension gingen und keine leiblichen Überreste zurückblieben. Sie sind verbunden mit der Einheitsquelle und ruhen in ihr.

> »Einem Kind, das die Dunkelheit fürchtet, verzeiht man gern; tragisch wird es erst, wenn Erwachsene das Licht fürchten.«
> *Platon*

Wenn wir uns höheren Dimensionen öffnen und zulassen, dass wir von diesen Energien durchströmt werden, lernen wir, Wahres von Unwahrem zu unterscheiden, weil sich die Ewigkeit, die Liebe und das Licht nicht beengen lassen. Wir erfahren eine neue innere Freiheit. Wenn das Licht in uns erwacht, antwortet das Licht des Universums. Wir beginnen, die Schönheit, die Harmonie und die Liebe, die in allem wohnt, zu erkennen. Dies ist der Zustand, in dem die platonischen Körper in uns zu vibrieren beginnen und uns auf die Ewigkeit ausrichten. Ein höherer Plan offenbart sich uns und beschleunigt unsere Energie. Wir öffnen uns für das kosmische, umfassende Prinzip und den Bauplan des Universums und damit für die Heilige Geometrie.

Die Heilige Geometrie ist eine Lichtcodierung, die uns an den vollkommenen Bauplan der Schöpfung erinnert. Sie wirkt heilsam auf unser Energiesystem ein und weist uns darauf hin, dass alles nach einem genauen Plan geschieht. Durch den Zugang zur kosmischen Ordnung, zum Bauplan der Schöpfung, können wir uns wieder an die vollkommene Form erinnern, die immer noch besteht und immer bestehen wird. Dies hilft uns dabei, unsere angesammelten Disharmonien auszugleichen, alte deformierte Formen zu heilen, Lichtcodierungen zu entschlüsseln und in Schönheit und Liebe auf der Erde zu wandeln.

Wenn du dieses Buch in Händen hältst, so hat eine größere Kraft dich gerufen, damit du dich daran erinnerst, heil werden und deinen Lichtkörper erwecken kannst.

Erinnere dich, Mensch, werde zu einem Werkzeug des Friedens – und wirke als Mitgestalter und Mitschöpfer mit am Plan einer neuen Welt, die in ein Zeitalter des Friedens eintreten wird.

Dies ist die Aufgabe der platonischen Körper. Sie sind der Bauplan, der aus den Lichtsphären in uns hineinfließt. Wir erfahren uns als unendliche Einheit, die in jedem Augenblick die Wahl hat, und werden zum Werkzeug Gottes oder zum Mitschöpfer einer neuen Erde.

Eine weitere Überlegung von uns ist: Wenn wir zurückkehren zu den heiligen Maßen, die in der Heiligen Geometrie enthalten sind, und diese für neue Energiesysteme und Technologien anwenden, muss etwas entstehen, was mit der Schöpfung in vollkommenem Einklang ist. Es gibt auf allen Gebieten noch viel Potenzial und zahlreiche Möglichkeiten für die praktische Anwendung der Heiligen Geometrie.

Wir sind aufgehoben in dieser Kraft, die uns mit jedem Einatmen durchströmt, umgibt, nährt und trägt.

»Herr,
mache mich zum Werkzeug deines Friedens:
dass ich Liebe bringe, wo man einander hasst,
dass ich Versöhnung bringe, wo man einander kränkt,
dass ich Einigkeit bringe, wo Zwietracht ist,
dass ich den Glauben bringe, wo Zweifel quält,
dass ich die Hoffnung bringe, wo Verzweiflung droht,
dass ich die Freude bringe, wo Traurigkeit ist,
dass ich das Licht bringe, wo Finsternis waltet.
O Meister,
hilf mir, dass ich nicht danach verlange,
getröstet zu werden, sondern danach, zu trösten,
nicht danach, verstanden zu werden,
sondern danach, zu verstehen,
nicht danach, geliebt zu werden,
sondern danach, zu lieben.
Denn:
Wer gibt, der empfängt,
wer verzeiht, dem wird verziehen,
wer stirbt, der wird zum ewigen Leben geboren.«
Heiliger Franziskus von Assisi

Wenn ich erkenne und weiß,
dass ich gewünscht, geliebt, getröstet bin,
von einer Kraft, die mir mit dem ersten Atemzug,
den ich getan habe, dieses Leben geschenkt hat,
dann kann ich die Liebe, die Hoffnung, den Frieden,
den Trost und diese Kraft an meine Mitmenschen
weitergeben.

Übersicht über die platonischen Körper

»Was ist Gott?« – »Er ist Länge, Breite, Höhe.«
Bernhard von Clairvaux

	Tetraeder	Hexaeder	Oktaeder	Dodekaeder	Ikosaeder
	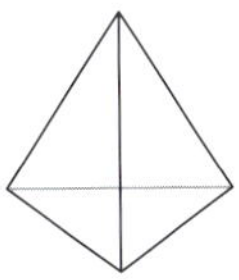	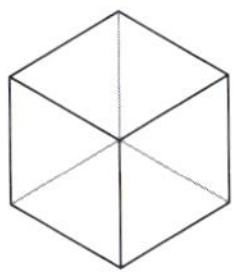	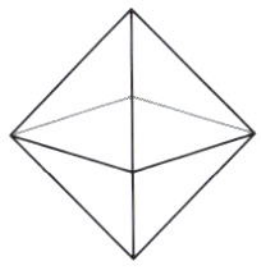	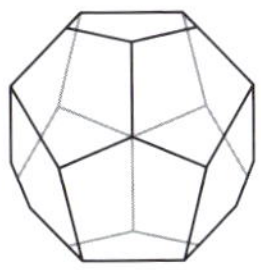	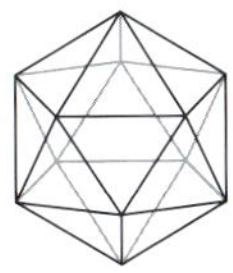
Flächenform:	Dreieck gleichseitig	Quadrat gleichseitig	Dreieck gleichseitig	Fünfeck gleichseitig	Dreieck gleichseitig
Flächenanzahl:	4	6	8	12	20
Eckenanzahl:	4	8	6	20	12
Kanten:	6	12	12	30	30
	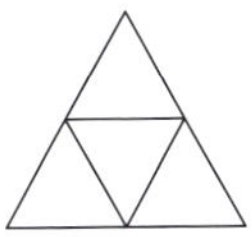	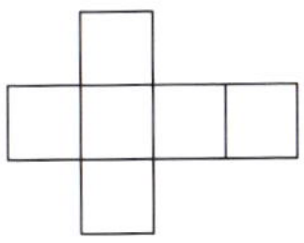	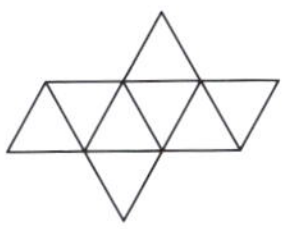	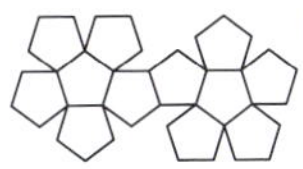	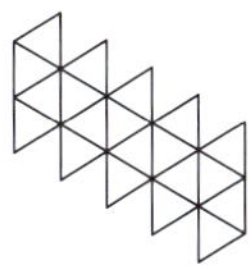
Elemente:	Feuer	Erde	Luft	Äther	Wasser
					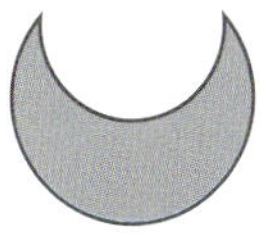
Organe:	Herz	Magen	Lunge	Gehirn	Nieren
Körper:	Energiekörper, Energie, aufsteigend	physischer Körper, physisch, fest	Geistkörper, Gedanken, umwehend	Bewusstsein, Weisheit, alldurchdringend	Emotionalkörper, Emotionen, fließend/wechselnd
Aufgaben der platonischen Körper:	Energie und Schwingungserhöhung	Speicher und Energiekonzentration	Löschen von alten Programmen	Anbindung an eine höhere Führung	Lösen und Knüpfen von Verbindungen

Hexaeder – Element Erde

Die Erde – Raum, Maß, Zeit, Gesetzmäßigkeit – gibt Halt und Gestalt und konzentriert die Energie. Das göttliche Licht ist in der Form sichtbar geworden. Die Heilige Geometrie, die im Hexaeder enthalten ist, führt uns zur Vollkommenheit und göttlichen Ordnung in allem zurück.

Der Name »Hexaeder« stammt aus dem Griechischen und bedeutet »Sechsflächner«. Das Hexaeder besteht aus:

* 6 Flächen,
* 12 Kanten und
* 8 Ecken.

Jede Fläche des Hexaeders ist ein Quadrat und hat gleich große Winkel und Kantenlängen. Weitere Bezeichnungen für das Hexaeder sind Würfel, Quader oder Kubus.

Während die Kugel als Mutter der platonischen Körper gesehen wird, gilt das Hexaeder als ihr Vater. Dies ist interessant, denn das Element Erde, dem das Hexaeder zugeordnet ist, ist weiblich. Vielleicht verbirgt sich hier das Geheimnis der Schöpfung – der Materialisation – in der männlichen Form des Hexaeders und der weiblichen Form der lebendigen Erde.

Das Hexaeder weist Merkmale auf, die die anderen platonischen Körper (mit Ausnahme der Kugel) nicht haben:

* Es ist dominant.
* Es ist einfach.
* Alle anderen platonischen Körper können symmetrisch eingepasst werden und sind in ihm enthalten (Metatrons Würfel).

Zudem steht das Hexaeder für die formgebende Energie und kann Energien aus anderen Ebenen auf die Erde bringen, denn es hält und konzentriert sie.

Das Hexaeder im täglichen Leben

Das Hexaeder ist die stabilste Form der Materie, daher werden Throne oder auch Sockel häufig in Form eines Würfels gebaut. Auch in Steinsalz und Kristallen findet man diese Form. In unserer Gesellschaft steht der Würfel für das Spiel des Lebens, den Zufall und das Glück, das sich wandeln kann. Im Hexaeder ist die Lichtkugel (das Einheitsfeld) eingeschlossen und separiert, damit sie langsamer schwingt und ihre wahre Kraft entfalten kann.

Das aufgeklappte Hexaeder

Wenn man das Hexaeder aufklappt, erhält man ein Kreuz, das auch für den Weg des Menschen durch die Welt der Manifestation steht. Man kann diesen Weg als Opfer gehen – gebunden und gefangen in der materiellen Welt – oder als Schöpfer, der die Materie durch sein Bewusstsein formt, wandelt und auflöst. Wir alle sind Lichtwesen, die eine Erfahrung in der Welt der Manifestation machen, um Bewusstsein darüber zu erlangen.

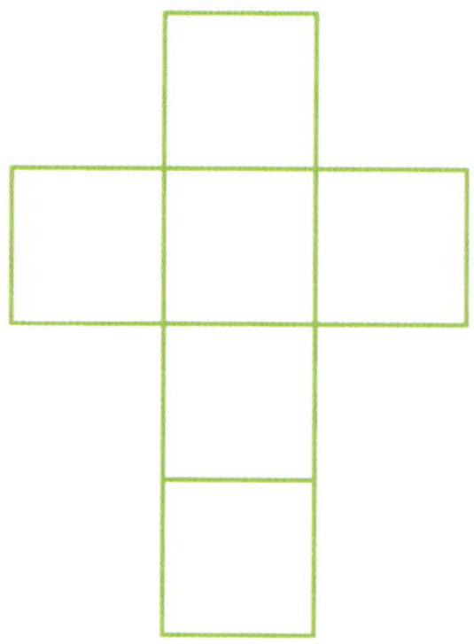

Das Quadrat

Das Element Erde wird in vielen Traditionen als Quadrat dargestellt. Um zu prüfen, wie es um das Element Erde bestellt ist, kann man das Symbol des Erdtattwas verwenden. Es ist gelb (golden) – Gelb ist die Farbe der Macht, der Kraft und des Lichtes – und wird violett, wenn man es lange betrachtet – Violett ist die Farbe der Spiritualität, des Erwachens, der Wandlung, des höheren Bewusstseins.

Die Zahl 4

Die Flächen des Hexaeders haben jeweils vier Ecken. Die 4 ist die Zahl der Stabilität und ein Symbol für die Wurzel, den Boden aller Dinge. Sie gilt demnach als irdisch. Wir finden sie in den vier Jahreszeiten, den vier Himmelsrichtungen, den vier Elementen … Sie wird durch das Quadrat oder Viereck

dargestellt. Wie das Erdelement beinhaltet sie Willenskraft, Geduld, Fleiß, Beharrlichkeit, Treue, Verlässlichkeit, Entschlossenheit und Hartnäckigkeit. Den alten Ägyptern war die 4 heilig. Im Buddhismus gibt es die vier edlen Wahrheiten – Dukkha (Leid), Samudaya (Ursache des Leids), Nirodha (Abkehr vom Leid) und Magga (Erlöschen des Leids). In ihren anderen Eigenschaften kann die 4 auf Sturheit, Kontrollsucht, Verbissenheit, Festhalten, Starre und Kälte hinweisen. Sie steht in einigen Kulturen für den Tod und das Leid wie im Buddhismus und gilt, z. B. in Korea und Japan, als Unglückszahl.

Die Zahl 6

Das Hexaeder hat sechs Flächen. Die 6 ist die Zahl der Vereinigung und der Begegnung, die Zahl der Liebe, die alles durchdringt und alles auf eine freie, doch stabile Weise zusammenfügt. In Metatrons Würfel ist alles enthalten. Allumfassende Liebe ist der Weg (siehe auch Kapitel »Metatrons Würfel«).

Die Zahl 8

Das Hexaeder hat acht Ecken. Die 8 ist die Zahl der Vollendung. Die liegende Acht synchronisiert die linke und die rechte Seite in uns und sorgt für die Balance zwischen allen Dingen. 7–8 Hertz ist die Frequenz, die die Erde sendet und mit der wir Menschen uns synchronisieren können, um von ihr getragen zu werden und Heilenergien zu lenken und zu leiten. Menschen, die Heilenergien übertragen, senden Ferninfrarotstrahlen mit einer Wellenlänge von 8–10 Mikrometer. Im Tarot ist die 8 die Zahl der Kraft – der Energiefluss setzt ein.

Die Zahl 12

Das Hexaeder hat zwölf Kanten. Die Zahl 12 steht für die Vollendung (12 Monate, 12 Jünger, 12 Sternzeichen …). Sie ist die Zahl, die uns auf die nächste Ebene, in die nächste Dimension führt, die Tür und das Tor der Schöpfung. In der 12 verbirgt sich der Dienst an der Welt, die Aufgabe, einer größeren Kraft zu dienen und die Entwicklung zu vollenden.

Das Kreuz – Symbol der Erde

Das Kreuz hat eine hohe spirituelle Bedeutung und ist ein uraltes Symbol der Menschheit, das wir in fast allen Kulturen und allen Zeitaltern dieser Welt finden können. Die horizontale Linie steht für den Himmel und die vertikale Linie für die Erde. Das Kreuz verbindet also den Himmel und die Erde miteinander. Ein Kreuz unterteilt Dinge in vier Teile und steht für die vier Himmelsrichtungen, die vier Wege, die Trennung und die Vereinigung der Polarität, für unten, oben, Mitte, Osten, Süden, Westen und Norden, für den Weg der Sieben und der Einweihung.

Vier Säulen sollen das Himmelsgewölbe stützen. Der vertikale Balken symbolisiert die Beziehung zwischen dem Menschen und Gott und der horizontale Balken die Beziehung zwischen dem Menschen und seiner Umwelt. Im Christentum versinnbildlicht das Kreuz oft Sünde und Schuld und wird mit Leiden und Tod in Verbindung gebracht. Es gilt als Metapher für eine Bürde, die einem auferlegt wurde (Behinderung, Krankheit, Leid) und die man in seinem Leben zu tragen hat (»sein Kreuz tragen«). Es steht aber auch mit der Wirbelsäule in Verbindung und mit aufrichtigem und wahrhaftigem Handeln in Anbindung an das Höhere Selbst. Stellen wir uns aufrecht hin und strecken die Arme aus, nehmen wir eine segnende, liebevolle und aufrichtige Haltung ein, die auf unserem Weg von großer Bedeutung ist. In der positiven Deutung steht das Kreuz für Frieden, Erlösung, Befreiung, Reinigung und innere Freiheit.

Jesus Christus ist diesen Weg für uns gegangen. Wir alle sind bereits erlöst, wir müssen diese Erlösung nur annehmen und uns in sie hineindehnen. Wie erlebst du dein höchstes Bewusstsein? An das Kreuz genagelt und gemartert, immer noch beladen mit Schuld, Sünde und anderen erniedrigenden Qualitäten? Oder frei, führend, das Leben und die Welt segnend sowie wissend, dass du Liebe, Hoffnung, Freiheit, Kraft und das Licht Gottes in dir trägst?

Das Element Erde

Das Hexaeder balanciert die Erde in uns. Das Element Erde beinhaltet alle sichtbaren Formen – unseren Körper, das, was wir sehen, anfassen und begreifen können. Die höchste Schwingung der Erde besitzt die kristalline Struktur, sie ist rein, klar, durchscheinend und irisierend. Die Erde ist ein großes Lichtwesen, weil sie aus hoch konzentriertem, in Form gebrachtem Licht geschaffen wurde. Sie schenkt uns im Überfluss, was wir zum Leben brauchen. Wenn unser Blick jedoch auf Mangel gerichtet ist, können wir die Fülle, die uns umgibt, nicht wahrnehmen.

Unser Körper ist der Tempel unserer Seele. Ohne ihn könnten wir hier auf der Erde nicht in Erscheinung treten, handeln, wandeln und erlösen. Je nachdem, wie wir unsere Energie, unsere Kraft und unsere Macht gebrauchen, zeigt sich dies in der Materie und in unserer Lebenserfahrung. Die Materie ist die Mutter aller Dinge. Sie nährt und trägt uns, schenkt uns eine Form und nimmt diese zu sich zurück, wenn wir sterben. Konzentrieren wir uns ausschließlich auf die sichtbare Form, erleben wir uns als Opfer, und Mangel, Leid, Gier, Unerfülltheit und Unzufriedenheit werden unsere stetigen Begleiter.

Wir können eine Sache nicht auf derselben Ebene lösen, auf der sie entstanden ist, sondern sollten sie von einer anderen Ebene aus betrachten, um sie zu wandeln.

Die Schöpfung ist bereits perfekt, erlöst und vollendet. Je mehr wir in unserem geistigen Bewusstsein erwachen, Verantwortung für uns selbst übernehmen, SELBSTverantwortlich, SELBSTbewusst und SELBSTbestimmt* handeln, desto besser werden wir dazu in der Lage sein, unser Leben zu wandeln und neu zu gestalten. Das Selbst wohnt in uns. Wir können auf dem Weg

---

* Diese Wörter lauten nicht: egoverantwortlich, egobewusst oder egobestimmt. Das Selbst ist untrennbar mit uns verbunden, zieht sich aber aus uns zurück, wenn wir es nicht anerkennen, z. B. durch Gedanken wie »Ich bin nicht gut genug« oder »Ich vertraue meiner Eingebung nicht« ... Das innere Wesen hört auf, zu fließen, und beginnt, sich zurückzuziehen. Wir empfinden dadurch einen Schmerz, und dieser Schmerz gründet auf der Abwesenheit unseres inneren Wesens. Das ist das Unerträgliche. Wenn wir unser Selbst nicht anerkennen, führt dies zur Trennung von unserer wahren Natur und zu seelischen Qualen, die wir selbst erschaffen.

der Wandlung vom Opfer zum Schöpfer erwachen. Indem wir unseren Weg gehen, gestalten wir unser Leben und beeinflussen das Leben anderer auf positive Weise.

Der rituelle Tod – Einweihung in das Element Erde

Die Einweihung in das Element Erde bestand in früheren Zeiten im rituellen Tod. Im Einweihungszyklus war er die letzte Stufe, die es zu meistern galt. Menschen, die diese Stufe erreicht hatten, wurden in Kammern mit ganz besonderer Energie, z. B. in der Cheops-Pyramide, in einen Sarkophag gelegt. Dieser wurde für mehrere Tage luftdicht verschlossen. Die Seele, der Kern des Hexaeders, verließ die Form, ging auf Reisen und erkannte, als sie wieder in den Körper (in die Form) eintrat, dass sie unsterblich und ewig ist und dass aus dem unendlichen Raum alles erschaffen werden kann. Der Mensch erwacht durch die Einweihung in das, was er war, ist und sein wird: unsterbliche Lichtsubstanz. Er erwacht zum Mitschöpfer, dem kein Leid auf der Erde etwas anhaben kann, weil es vergänglich ist – das Licht in uns hingegen ist ewig.

Mit jedem Tod erfahren wir das ewige Leben der geistig unsterblichen Natur. Dadurch beginnen das Erwachen und der Ausstieg aus dem Kreislauf von Tod und Wiedergeburt. Wir stärken die Verbindung mit unserem wahren Kern, unserer wahren, unsterblichen Natur. Dadurch sind wir in der Lage, aus uns selbst heraus zu wandeln.

Die Botschaft der Erde ist die allumfassende Liebe.
Je ruhiger und stiller wir in uns werden,
desto mehr erkennen wir die Einheit allen Seins.
Stofflichkeit ist vergänglich – das Ewige ist in uns.

Zusammenfassende Zuordnungen zum Hexaeder

Zahlen	4, 6, 8, 12
Vokal	U – der Vokal U kann intoniert werden, um die Schwingung des Hexaeders zu verstärken
Richtung	Norden – Nacht
Symbole	Würfel, Kreuz, Quadrat, Stein
Farben	Gold, Violett, Grün, Braun, tiefes Dunkelblau (ins Schwarz gehend), schwarzes Licht
Tiere	Büffel, Ochse, Stier
Pflanzen	Eiche, Kartoffel, Karotte, Rote Bete
Mineral	Bergkristall
Plätze	erdige Plätze, Wurzeln, Felsen, Steine, Berge, Wälder, Höhlen, Heim, Haus, Körper
Natur	Steinformationen, Erdrutsche, Erdbewegungen, Kraftplätze mit Steinen, Wurzeln, Felsen, versteinertes Holz
Königreich	Reich der Kristalle und Minerale
Instrumente	Trommel, Bass
Qualitäten	schwer, langsam, negativ, magnetisch, dicht, eng, stofflich, begrenzt, massig, tragfähig, synchronisierend und stabilisierend
Sternzeichen	Steinbock, Stier, Jungfrau
menschliche Ebene	Stofflichkeit, Physis, Körperlichkeit, materielle Ebene, Grundlage, Stand, Talente, Fähigkeiten
Typ	Phlegmatiker
physisch	Skelett/Knochen, Schädel, Zähne, Muskeln, Sehnen, Ringfinger, Substanz, Mineralien, Salze

emotional	Heilung der Emotionen Schuld, Angst, übertriebenes Pflichtgefühl und Zwang
energetisch	Energie halten, konzentrieren und stabilisieren, praktisch veranlagt
geistig	Konzentration, Bewusstsein, Erwachen
spirituell	Halten von hohen Schwingungszuständen wie z. B. Liebe
kollektiv	Mittragen und Aufarbeiten von alten Ahnenthemen, Schuldthemen, Bürden, ungelösten Verbindungen
Engel	Sandalphon, Erzengel Zadkiel, Erzengel Raphael, Erzengel Michael, Elohime Vista und Kristall, Virgo und Pelleur
Meister und Meisterinnen	Hermes Trismegistos (Thot), Pythagoras, Apollonius von Tyana, Djwal Khul, Hilarion, Jesus Christus, Mutter Maria, Hathor, die Göttin in ihrer vielgestaltigen Form
Naturgeister	Gnome, Elementeführer Gob, Zwerge, Wichtel, Trolle, Alben, alle erdgebundenen Geister
weitere Zuordnungen	Struktur, Halt, Festigkeit, Stabilität, begrenzte Ordnung, Gesetzmäßigkeiten, Wandlung, Entgiftung, Verwesung, Verrottung, Befreiung, Bewusstwerdung, Verbindung mit dem Licht in allem, Formgebung
positive Qualitäten	bodenständig, tragend, strebsam, fleißig, genau, gründlich, pünktlich, stabil, zuverlässig, treu, praktisch, loyal, rhythmisch, abschätzbar, nachvollziehbar, ehrlich; Geduld, Ausdauer, Beständigkeit, Verlässlichkeit, Achtung, Anerkennung, Erfolg, Leistung, Durchhaltevermögen, Konzentration, Rahmen- und Formvorgabe
negative Qualitäten	schwerfällig, überheblich, lebendig begraben, gebannt, gefangen, unnahbar, trocken, emotionslos, kalt, berechnend, eng, sich selbst nicht vertrauen, sich viel aufladen und zumuten; Egoismus, Irrationalität, Geiz, Gier, Neid, Festhalten an materiellen Formen, Faulheit, Phlegma, Starre, Unbeweglichkeit, Bürden, Zersetzung, Abbau, Schwere, Toten-/Ahnenreich, Trennung, Tod, Automatismus, Seelenverlust

Heilung und Stärkung des Erdelements	Salzbäder, gesunde Ernährung, Stärkung der Wurzelkraft, Arbeit mit der Violetten Flamme der Transformation, Erdungsübungen, Rituale, Zeremonien, Prozessarbeit, Übergangsriten, Meditation, Ruhe, Entspannung, Öffnung, Ahnenarbeit/Verbindung mit den lichtvollen Ahnen, Erdheilungen, Sport, Bewegung, rhythmische Arbeiten
Prozesse	Wandlung, Entgiftung, Befreiung, Bewusstwerdung, Verbindung mit Gott in allem, Liebe
Meisterung	Verwirrung – Konzentration, Ausdauer, Geduld
zu viel Erde	unbeweglich, grüblerisch, pessimistisch, phlegmatisch, faul, müde, langsam, träge, matt, halten wollen, gefangen sein, sich eingeengt fühlen, unnahbar, unzugänglich, zur Masse neigend, alles kontrollieren wollen; Gewohnheit, Gier, Langsamkeit, langsame Entwicklung, kein Vertrauen, Beschränkung, starker Schutzpanzer, Eigenbrötler
zu wenig Erde	luftig, keine Energie halten können, Dinge rinnen durch die Finger, nicht zu sich stehen, Flucht aus Situationen, unruhig, unzufrieden, schnell, unbeständig, viel anfangen und wenig zu Ende bringen, keine Ausdauer und Geduld
ausbalancierte Erde	abschätzend, realistisch, mäßig, ausgewogen, klar, offen und flexibel und doch stabil, vorausschauend, abwartend, zum rechten Zeitpunkt handelnd, Form und Halt gebend, versorgend, liebend; Entspannung, rechtes Maß, klare Strukturen, Vorgaben, gesunde Grenzen, Wachstum, Wechsel zwischen Arbeit, Ruhe und Entspannung, gesunde Lebensrhythmen, Rhythmen überhaupt

Die praktische Arbeit mit dem Hexaeder

* Balance des Erdelements in uns
* Umbau und Umstrukturierung
* Erdung und Energiefluss
* Stabilität
* Ordnung herstellen
* Konzentration, Ruhe, Stille, Sammlung
* Energie bündeln und halten
* Gesetzmäßigkeiten erkennen
* starre Grenzen erweitern
* gesunde Grenzen setzen
* innere Geborgenheit
* Erwachen durch Erkenntnis und Bewusstsein
* Blei in Gold verwandeln
* Fähigkeiten und Talente entdecken, erkennen und entwickeln
* Wachstum und Bewusstsein
* Rhythmus
* Geduld und Ausdauer
* Beständigkeit
* Entgiftung, Entschlackung und Entsäuerung
* Wirbelsäulenaufrichtung – Arbeit an Knochen und Struktur
* das Glück neu aushandeln, das Schicksal gestalten
* Auflösung von gebannten Energien und Bannfeldern

Das Hexaeder hilft Menschen, die wenig Erdung haben, stabil und gleichmäßig ihre Aufgaben auszuführen und zu Ende zu bringen. Es stoppt den Drang, wegzurennen, und hilft uns dabei, Energie zu stabilisieren und zu konzentrieren. Mit ihm lernen wir, auf die Schattenseiten zu schauen und das Leid, das sich darin befindet, in Liebe zu würdigen und anzuerkennen, damit es heilen kann. Das Hexaeder fordert von uns Konzentration, Ausdauer, Geduld und die Gewissheit, dass Heilung und Erlösung bereits vorhanden sind.

Menschen, die zu viel Erde haben, werden durch das Hexaeder geöffnet. Die Erde wird so umverteilt und umgebaut, dass sie in Balance kommt und dem jeweiligen Menschen dient.

Das Hexaeder kann in der Meditation dazu verwendet werden, alle Dinge in uns, die mit dem Element Erde zu tun haben, zu berühren und zu heilen. Wir können es darüber hinaus auf unterschiedliche Weise in Heilsitzungen anwenden. Indem wir mit dem Hexaeder arbeiten, erkennen wir unsere Schwachstellen im Zusammenhang mit dem Element Erde, denn es führt automatisch zu den unerlösten Bildern und Gefühlen.

Man kann mit dem Hexaeder auch das irdische Glück neu aushandeln und Schwingungsmittel aufladen. Letztere tragen die Information im Körper dorthin, wo sie gebraucht wird, damit Heilung geschehen kann. Wenn wir bewusst mit dem Hexaeder durch die Natur gehen, erkennen wir Pflanzen und Kräfte, die die Schwingung der Erde haben.

Das Hexaeder hilft uns dabei, die Erde und Erdung zu fühlen, in die Tiefe hinabzusteigen und Erlösungsarbeit zu leisten – durch die Anerkennung, Würdigung, Wiedergutmachung und Segnung dessen, was geschehen ist. Es hilft uns auch dabei, hinzuschauen, Stabilität zu gewinnen und zu Wohlstand im Sinne von »einen stabilen Stand im Leben einnehmen« zu gelangen, uns mit Himmel und Erde zu verbinden und in dieser Anbindung auf alle Kräfte, die uns zur Verfügung stehen, zurückzugreifen, um eine Situation zum Guten zu wandeln. Fokussieren wir uns hingegen nur auf die Erde, die Materie und die Manifestation des Geistigen, erleben wir uns als leidvolles Opfer. Die Erde ist der Weg des Menschen durch Konzentration (konzentrierte Energie) in die Geistigkeit hinein.

Das Geschenk der Erde – die Schatzkiste

Stelle dir das Hexaeder in deiner Hand vor, oder nimm es in die Hand. Es steht für dein Leben, deinen Körper, dein Sein. Wie schwer ist es, und wie fühlt es sich an? Öffne nun langsam eine Seite des Hexaeders, und sieh hinein. Was für ein Geschenk, was für eine Botschaft hat die Erde für dich? Nimm das Geschenk der Erde, des Hexaeders, an, und lasse zu, dass es sich in deinem Leben entfaltet.

Jeder von uns erhält das Geschenk, das jetzt für ihn auf dem Erdenweg nützlich ist.

Meditation mit dem Hexaeder

Schaffe dir einen Raum, in dem du einige Zeit ungestört sein kannst. Schalte dein Smartphone aus, stelle die Türklingel ab, und vergewissere dich, dass du in der nächsten halben Stunde ganz für dich sein kannst.

Bevor du beginnst, komme ganz zu dir. Konzentriere dich auf deinen Atem.

Atme Licht ein, und verteile mit dem Ausatmen Licht um dich herum.

Atme Liebe ein, und verteile mit dem Ausatmen Liebe um dich herum.

Atme Glück ein, und verteile mit dem Ausatmen Glück um dich herum.

Atme Freude ein, und verteile mit dem Ausatmen Freude um dich herum.

Atme … [die Qualität, die du liebst] ein, und verteile mit dem Ausatmen … [die Qualität, die du liebst] um dich herum.

Konzentriere dich nun eine Zeit lang auf das Hexaeder. Nimm es in Gedanken in die Hand. Spiele damit, betrachte es von allen Seiten. Fühle den Würfel. Das Glück, das im Spiel des Lebens neu ausgehandelt werden kann, liegt in deiner Hand. Lege es vor dich hin, behalte es in deiner Hand, oder lege es an deine Füße – dies alles dient der Erdung. Auf diese Weise kannst du auf Reisen gehen und bist doch tief mit der Erde verbunden.

Schließe nun die Augen. Stelle dir den Würfel vor, die vollkommene feste Form, den Baustein des Lebens. Spüre das vollkommene Symbol des Elements Erde in deiner Hand. Lasse ein Bild, ein Gefühl, ein Wort in dir entstehen. Lasse es in dir deutlich und lebendig werden.

Fühle in deinen Körper. Gibt es dort Stellen, die sich jetzt melden? Lasse zu, dass der Würfel, das Element Erde, dich zu diesen Bereichen in deinem Körper führt. Sie sind der Schlüssel und das Tor zur Geistigen Welt, in der jetzt Heilung, Kraft und Energie gebraucht werden.

Gehe durch das Tor des Bereiches, der sich in deinem Körper jetzt besonders meldet. Was nimmst du wahr? Lasse die Energie an dieser Stelle deutlicher und stärker werden in dem Wissen, dass du die Medizin für diese Stelle bereits in deiner Hand hältst. An dem Tor wartet ein Engel des Elements Erde auf dich, um dich in eine alte Wunde, die mit dieser Stelle zusammenhängt, hineinzuführen, sodass sie mit Liebe, Vergebung und Kraft gefüllt werden kann. Lasse geschehen, was jetzt geschehen will.

Beginne nun, die Bilder, Szenen und Worte mithilfe des Würfels in eine heilsame Bewegung zu bringen. Lasse geschehen, was der Würfel an dieser Stelle tut. Fühle und spüre die heilsame Bewegung des Hexaeders in deinem Sein.

Lasse den Würfel nun überall dorthin gehen, wo du dir in dir für dich und dein Leben Stabilität, einen gesunden Boden, Kraft und Halt wünschst.

Frage zum Schluss, wie du mit dem Würfel weiter wirken kannst. Frage, wo du ihn hinlegen solltest (unter das Bett, auf den Schreibtisch, an die Arbeitsstelle, an einen Platz im Garten ...). Bedanke dich, und komme langsam wieder in deinem Raum an.

Installation von Hexaederfeldern

Du kannst Hexaeder-Energiefelder installieren, dies sind Energiefelder, die der Ruhe, Stabilisierung, Heilung und Konzentration dienen. Stelle dir ein Hexaeder um deinem Körper herum vor. Es ist wie eine Höhle, in die du dich zurückziehst, um aus deinem Inneren eine Botschaft zu empfangen. So nimmst du den Boden und die Erdenergie besser wahr, die Körperempfindungen verstärken sich, und du fällst in das Licht deiner eigenen Seele.

Kommuniziere mit den Zellen, oder tritt mit bestimmten Körperteilen und mit dem Kern aller materiellen Erscheinungen in Kontakt. Der Würfel bringt Bewusstsein und hilft, die Energie zu konzentrieren, zu beruhigen und langsamer schwingen zu lassen und sie damit zu verdichten. Wenn Dinge Schutz, Ruhe und Rückzug brauchen, ist es gut, die Form eines Hexaeders zu installieren.

Das Hexaeder hilft bei Neuschöpfungen und Umgestaltungen und kann dazu verwendet werden, in Ruhe alles, was mit der Erde zu tun hat, zu erspüren, wahrzunehmen und segensreich zu verändern.

Schaffe dir einen Raum, in dem du ungestört bist. Bitte deine Engel und geistigen Helfer, dich zu führen und anzuleiten. Du kannst nun mithilfe der Geistigen Welt ein Hexaederfeld in einer bestimmten Farbe und einer bestimmten Energie um einen Platz herum bilden, damit dieser stabil und kraftvoll wird. Erschaffe mithilfe deiner Engel genau das Hexaederfeld, das du gerade brauchst, um den Platz zu stärken. Lasse dich von innen anleiten. Die Erdenergie wird stärker, und feinstoffliche Energie kann verdichtet werden.

Du kannst auch ein Hexaederfeld um dich herum erschaffen, um deiner Arbeit ruhig und konzentriert nachgehen zu können. Wenn du dich dann wieder öffnen möchtest, lasse dieses Feld durchlässig werden.

Erfahrungen mit dem Hexaeder

Das Hexaeder – Bericht 1

Ich fühlte mich von dem Hexaeder angezogen. Ich nahm es in die Hand und fühlte mich augenblicklich unbeweglich und starr. Es war, als sei ich in dem Würfel bis auf Nabelhöhe eingemauert. Der Würfel ging sogleich in Resonanz mit meinem Energiefeld. Ich erkannte meine eigene Starre und meine unflexible Sichtweise. Ich erlaubte mir, diese Starre langsam zu lösen. Ich begann, mich zu drehen und zu öffnen. Der Würfel, in dem ich gefangen war, löste sich auf und wurde zu gutem Boden. Ich erkannte, dass ich von einer Person, die ich eine Woche zuvor getroffen hatte, schon die Antwort auf meine Frage erhalten hatte, aber nicht bereit gewesen bin, dies zu sehen – weil ich in mir gefangen war.

Das Hexaeder – Bericht 2

Eine Frau hatte folgendes Problem: Sie liebte ihre Arbeit, erkannte, was im Unternehmen nicht so gut lief, und wollte einige Verbesserungsvorschläge machen, doch ihr Chef überging sie und behandelte sie wie Luft. Sie wurde einfach nicht gesehen und gehört. Eines Tages kam sie zu mir und betrachtete die Figuren der Heiligen Geometrie. Ihr Blick verharrte auf dem Hexaeder, und sie fragte, ob sie es mitnehmen könnte. Sie legte es auf ihren Schreibtisch im Büro. Es dauerte keine drei Tage, da wurde sie zu ihrem Chef gebeten. All ihre Vorschläge wurden plötzlich gehört, und sie erhielt sogar eine Gehaltserhöhung für ihre Leistung. Das Hexaeder hatte ihr Vertrauen in die Erde gestärkt, ihr Substanz verliehen, sie sichtbar gemacht und dafür gesorgt, dass sie Anerkennung und einen finanziellen Ausgleich für ihre innovativen Ideen erhielt.

Das Hexaeder – Bericht 3

Das Hexaeder half mir beim Entgiften. Ich nahm es und fühlte, wie Energie aus meinem Körper in die Erde gezogen wurde. Ich hatte das Gefühl, mein Körper wurde tief gereinigt. Ich fühlte mich in mir selbst wohl und spürte, wie ich in mir, im Tempel meiner Seele, ankam. Ich kann mich nun mehr so annehmen, wie ich bin. Ich empfehle, nach der Arbeit mit dem Hexaeder viel zu trinken, um die gelösten Giftstoffe aus dem Körper zu spülen.

Das Hexaeder – Bericht 4

Das Hexaeder fühlte sich wie ein Betonklotz an meinen Füßen an. Es erdete mich und schenkte mir einen neuen Bezug zu Mutter Erde. Es ist zutiefst mit den Kristallen in der Erde verbunden. Ich fühlte diese kristalline Energie und meine eigenen kristallinen Energiebahnen. Ich fühlte, wie meine Zellen mit dieser Energie aufgeladen wurden, spürte Geradlinigkeit, Aufrichtigkeit, die Kraft, gerade zu stehen und mich nicht von jedem Windhauch umwehen zu lassen. Das Hexaeder verleiht mir eine super Erdung.

Das Hexaeder – Bericht 5

Ich nahm das Hexaeder in die Hand und fühlte erdige Farben: Braun, Grün, aber auch Gold. Ich spürte die Heiligkeit von Mutter Erde und verband mich mit dem Erdbewusstsein. Braun gibt Halt, Geborgenheit, Wärme und Stabilität in sich selbst, Grün schenkt Regeneration, Kraft und Erneuerung auf allen Ebenen. Die Erde gibt den Pflanzen Stabilität, damit sie ihren Plan und ihren Auftrag erfüllen können, aber sie schenkt auch uns Wurzeln, Halt und Festigkeit, damit wir unseren Seelenplan erfüllen und immer wieder Ruhe und Kraft tanken können.

Das Hexaeder – Bericht 6

In meinem Leben herrschte viel Unruhe. Ständig kam von allen Seiten eine Flut von Anforderungen auf mich zu, denen ich mich nicht mehr gewachsen fühlte und die mich nicht zur Ruhe kommen ließen. Das Hexaeder zog mich von allen platonischen Körpern am meisten an. Es vermittelte mir Einfachheit, Stille, Stabilität und Ruhe. Ich nahm es in die Hand. Es dauerte eine ganze Zeit lang, bis ich mein Herz dafür öffnen konnte. Dann sah ich einen großen blauen Engel, der ein blaues Hexaeder um mich herum installierte. Ich fühlte mich, als ob ich zu mir nach Hause kommen könne, und hörte zum ersten Mal seit Langem wieder die Stimme meines Herzens. Am nächsten Tag erinnerte ich mich bei der Arbeit an das blaue Hexaeder um mich herum. Ich konnte meine Arbeit in Ruhe erledigen: keine störenden Anrufe, keine E-Mails und keine Informationsflut. Es war wohltuend und klar, und ich fühlte mich ganz bei mir. Seit dieser Zeit stelle ich mir immer wieder das blaue Hexaeder vor, wenn ich etwas ganz in Ruhe tun möchte. Das Hexaeder zeigte mir auch, auf welchen Gebieten ich keine Klarheit und Struktur hatte und wie einfach, edel und würdevoll das Leben sein kann. Ich begann, auszumisten und meine Räume zu klären. Ich hatte kein Bedürfnis mehr, Dinge zu kaufen und mich nach außen zu wenden – seitdem fühle ich eine tiefe Zufriedenheit in mir und mit meinem Leben.

Das Hexaeder – Bericht 7

Unser Geschäft lief nicht gut. Obwohl genügend Aufträge da waren, blieb für uns am Ende nichts übrig. Immer wieder kämpften wir ums Überleben. In Gebeten bat ich um Zeichen für die Ursache dieses Problems. Kurze Zeit später lernte ich eine hellsichtige Frau kennen. Sie stellte ein großes schwarzes Loch inmitten unserer Firma fest, das alle Energie, die in die Firma hereinkam, regelrecht verschlang. Nach einiger Zeit des »In-sich-Gehens« zeigte sich, dass in diesem Loch drei geometrische Figuren, unter anderem das Hexaeder, verankert werden sollten. In einer Zeremonie für die Erde gaben wir diese Figuren in das energetische Loch. Es begann, zu heilen, und neue Energie entflammte an diesem Platz. Die Auswirkungen sahen wir auch im Außen – an geschäftlichen Erfolgen und einem stabilen Zuwachs, der uns seit dieser Zeit beschert wird.

Das Hexaeder – Bericht 8

Vor vielen Jahren kam mein indianischer Lehrer nach Deutschland. Wir gingen in die Natur. Er bückte sich und berührte die Erde, um sie zu begrüßen und sich mit ihr zu verbinden. Als er sich erhob, wirkte er sehr nachdenklich. Er sagte, die Erde sei voller tiefer Wunden und Löcher, und man könne nicht gut auf ihr stehen. Sobald ein Teil der Erde heilt, zieht er Unmengen von Wesenheiten an, die mit ihm heilen wollen, Wesenheiten, die großes Leid erfahren haben, das gesehen und gewürdigt werden möchte ... Wir standen im Wald, und mit einem Mal sah auch ich all die Krater und Löcher, die Spuren zweier Weltkriege, die auf diesem Boden stattgefunden hatten, gar von ihm ausgegangen waren. Eine tiefe Traurigkeit überkam mich, denn ich nahm den Boden erstmals so wahr. Kein Wunder, dass man sich nicht so sehr mit diesem verbinden mochte oder oft das Gefühl hatte, nicht auf gutem, stabilem Boden zu stehen. Viele Erdheilungen haben bisher überall auf der Welt und auch hier stattgefunden, und es ist schön, zu erleben, wie kleine Stücke der Erde Heilung finden und die Selbstheilungskraft der Erde wieder wirken kann. Das Hexaeder hilft dabei, nach der Heilarbeit das vorhandene Loch wieder aufzufüllen, es zu schließen und die Erdenergie an diesem Platz zu heilen. Es können jedoch noch verschiedene andere platonische Körper verwendet werden.

Tetraeder – Element Feuer

Feuer, Flamme, Licht –
die Schöpfung und ich sind eins.
Feuer verbrennt, löst auf und wandelt,
Flammen und Fackeln erhellen uns den Weg.
Doch das Geheimnis des Feuers liegt
in der Ewigen Flamme, in unserem Herzen und in unserem Geist.
Schöpfe und wandle, auf dass du Gott in dir erfährst.

Das Tetraeder ist der platonische Körper mit den spitzesten Winkeln. Der Name »Tetraeder« stammt aus dem Griechischen und bedeutet »Vierflächner«. Das Tetraeder besteht aus:

* 4 gleichseitigen Dreiecken,
* 4 Ecken und
* 6 Kanten.

Das Tetraeder im täglichen Leben

In der Natur finden wir das Tetraeder in Form von Dornen, Stacheln, Keilen, Bergen … Es hat eine breite Basis und läuft spitz nach oben zu. Viele Verkehrsschilder, Hinweissymbole oder Gefahrenstellen sind bzw. werden mit einem roten Dreieck gekennzeichnet. Mit dem Tetraeder sollte man sehr achtsam umgehen, weil es auf schnelle Art viel zerstören kann. Diese Zerstörungen sind kaum mehr rückgängig zu machen. Sein Element ist das Feuer, das auflöst und wandelt.

Das aufgeklappte Tetraeder

Klappt man das aus Dreiecken bestehende Tetraeder auf, erhält man ebenfalls ein Dreieck. Durch seine spitze Form ist dieser Körper ein Symbol für die Strahlkraft der Wärme und des Feuers. Das Dreieck ist von jeher dem Element Feuer zugeordnet, es führt uns direkt in die Feuerreiche und all seine Dimensionen. Das Tetraeder unterstützt die menschliche Feuerenergie ebenfalls.

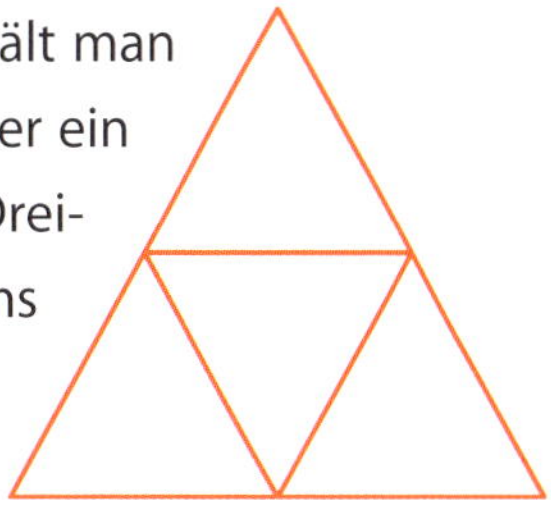

Wir sollten diesen Körper achtsam gebrauchen. Er ist in der Lage, zutiefst zu verletzen – aber auch zutiefst zu heilen.

Die Zahl 3

Das Tetraeder besteht aus Dreiecken. Die Zahl 3 steht für die Kraft der Manifestation, des Aufstiegs, der Höherführung und der Verbindung von Feuer, Flamme und Licht. Drei Mal sollten wir eine Sache tun oder aussprechen und sie mit Energie aufladen, damit sie sich manifestieren kann. Die Zahl 3 erschafft ein vollständiges Schwingungsfeld, in dem vieles, was wir nicht für realisierbar gehalten hätten, möglich wird. Sie ist eine heilige Zahl, die mit dem Übernatürlichen, Transpersonalen in Verbindung steht. Sie eignet sich nicht nur für die Gegenüberstellung von Dingen und Polaritäten, sondern bietet sich auch für deren Durchdringung an (Tag – Zwielicht – Nacht, heiß – lau – kalt etc.). So lassen sich Gegensätze und harte Übergänge auf sanfte Weise miteinander verbinden. Die Zahl 3 spielt in Mythen, Legenden, Erzählungen, Ritualformen und Einweihungen eine große Rolle. Drei Könige erscheinen an der Krippe. Jesus ist am dritten Tage auferstanden. Drei große Stadien durchläuft der Mensch: Geburt, Leben und Tod. In der Dreiheit ist alles Geistige und Körperliche enthalten, nämlich Anfang, Mitte und Ende. Linie, Fläche und Körper sowie die drei Akkorde Oktave, Quinte und Terz bilden eine Harmonie. Aus den Farben Rot, Gelb und Blau ergeben sich unglaublich viele Farbvariationen. Das allsehende Auge Gottes ist der Dreiheit zugeordnet. Wer drei Mal einer Sache begegnet oder etwas drei Mal hört, sollte dieser Information nachgehen.

»… wo zwei oder drei in meinem Namen versammelt sind, da bin ich mitten unter ihnen.«
Matthäus 18,20

Die Zahl 4 im Element Feuer

Es gibt vier Feuer im menschlichen Sein:

* Flamme – Kundalini, Sexualität, Basis
* Feuer – Herz, Liebe, Mitte
* Licht – Geist, Weisheit, Intelligenz
* Universelles Licht – Sonne, Logos, Ewiger Geist (Gott)

Wenn die Flamme der Basis durch die Lichtzentren des Körpers aufsteigt und sich mit dem Licht des Logos vereint, wird dies Erwachen bzw. Erleuchtung genannt. Der Lichtkörper, das diamantene Fahrzeug, erwacht zum vollen Bewusstsein und entfaltet sein volles Potenzial. Die aufsteigende Schlange (Kundalini, geflügelte Schlange) weist den Weg zurück in die Ewigkeit, in die ewigen Gefilde.

Die Zahl 6 im Element Feuer

Die Zahl 6 im Feuer ist die Zahl der Liebe und der Vereinigung. Sie steht für Energieerhöhung, Fruchtbarkeit und die Schöpfung.

Das Element Feuer

Das Feuer stammt aus dem Inneren der Erde und aus dem Elektronengürtel der Sonne. Das Licht und die Wärme der Sonne machen das Leben auf unserem Planeten in dieser Form möglich. Das Feuer war einst heilig und wurde in verschiedensten Formen von der Priesterschaft gehütet, um Energie zu erhöhen, zu bereinigen und aufzulösen. Es heißt, die ersten Menschen tranken Licht und aßen Feuer. Das Feuer hat alchemistische Eigenschaften, und die Ströme des Lichtes bringen Erkenntnis, Wissen und Erleuchtung hervor. Die Aufgabe des Feuers ist es, die Energie zu erhöhen, einzuweihen, zu wandeln und zu bereinigen. Feuer hat die Eigenschaft, überzugreifen und sich schnell auszubreiten. Es klärt die Atmosphäre und lädt sie auf. Es kann Dinge sehr schnell von einem Zustand in einen anderen wandeln. Es kann uns mit höheren Welten und Dimensionen verbinden, damit wir Erkenntnis und Bewusstsein erlangen.

Das Element Feuer in uns

Das Tetraeder gleicht das Feuerelement in uns aus. Die heilige schöpferische Energie des Feuers fließt durch unseren Körper und erhält die Lebensprozesse aufrecht. In unserem Herzen gibt es eine fünfte Kammer, das Tor zur Ewigkeit. Wenn die Liebe fließt, wird es uns ganz warm ums Herz. Das Herzfeld ist 5000-mal stärker als das Feld des Verstandes. Es kann an der Wärme, die es verströmt, gemessen werden. Sexualität erzeugt ebenfalls Wärme und aktiviert das Energiesystem. Es müssen 176 000 Energiebahnen geöffnet und eine Frau in der fruchtbaren Phase sein, damit sie ein Kind empfangen kann. Wenn neues Leben entsteht, erhöht sich die Körpertemperatur der Mutter im Unterleib, und diese Temperatur wird neun Monate lang konstant gehalten. Das ist wichtig, weil sich der kleine Körper nur so gut ausbilden kann. Der Mensch ist in der Lage, sehr viel Energie freizusetzen, wenn es um die Verteidigung des Lebens geht. Dem Feuer sind die Sexualorgane, das Basischakra, der Magen, die Milz und das Herz zugeordnet. Nerven, Reflexe und das vegetative Nervensystem arbeiten mit Feuerkraft und Lichtimpulsen und sind ebenfalls diesem Element zugeordnet. Ohne Feuer, Wärme und Energie könnten wir nicht existieren. Feuer kann Liebe und Begeisterung entfachen, Geborgenheit schenken, die Energie zwischen Menschen erhöhen, Energietore öffnen, die feinstofflichen Energiebahnen reinigen, aber auch Zorn, Wut und Gewalt auslösen.

Die Opferung – Einweihung in das Element Feuer

Die Einweihung in das Feuer ist das Opfer. Ein Teil der Energie im Menschen muss sich dem höchsten Licht beugen, ihm dienen und sich ihm hingeben, also geopfert werden, damit die höheren Lichtkräfte sich reinigen und Gott sich in uns und durch uns verwirklichen kann.

Die verschiedenen Feuer

Wir haben drei Hauptfeuerzentren. Feuer ist in Form der Flamme unserem Basischakra zugeordnet und hat mit unserer Antriebskraft zu tun. Die Kundalini schläft und kann durch die Flamme der Sexualität geweckt und nach oben geleitet werden. Das ewige Feuer wohnt in unserem Herzen. Es besteht aus drei Flammen – in Gold (Weisheit und Erkenntnis), Rosa (Liebe und Mitgefühl) sowie Blau (göttlicher Schutz und Führung). Diese verbinden uns mit unserer höchsten Führung, mit den Engeln, den Meistern und Meisterinnen und den Lichtwesen des geistigen Reiches. Alle Weisheit wohnt bereits in uns. Das Licht ist das Licht unseres Geistes, das Einheitsbewusstsein, das wir mit wachsender Erkenntnis und aufsteigender Feuerkraft gewinnen. Mit Feuer, Flamme und Licht können wir die drei Lichter in uns vereinen und sie nach dem Prinzip des höchsten Lichtes ausrichten.

Feuer, Flamme, Licht – Gott und ich sind eins.

Zusammenfassende Zuordnungen zum Tetraeder

Zahlen	3, 4, 6
Vokal	I – der Vokal I kann intoniert werden, um die Schwingung des Tetraeders zu verstärken
Richtung	Süden – Sonnenhöchststand
Symbole	Dreieck, Flamme, Fackel, Sonne, Pyramide
Farben	Rot, Orange, Gelb, Schwarz, Violett, Blau, Weißgold
Tiere	Salamander, verschiedene Schlangenarten wie die Kobra, Raubkatzen
Pflanzen	dornige, stachlige, »brennende« Pflanzen, z. B. Brennnesseln, Rosen
Minerale	Feueropal, Hämatit, Obsidian, Rubin
Plätze	Vulkan, Wüste, rotes Gestein
Natur	Blitz und Donner, Nordlichter, Sonne, Hitzeflimmern
Königreich	Reich der Tiere
Instrument	Rassel
Qualitäten	warm, heiß, elektrisch, positiv, energiegeladen, feurig, scharf, energetisch, ausdehnend, Spannung, Entladung
Sternzeichen	Widder, Löwe, Schütze
menschliche Ebene	sexuelle Ebene, energetische Ebene, Kundalini, geistige Ebene, spirituelle Ebene
Typ	Choleriker
physisch	Magen, Leber, Herz, Verdauung, vegetatives Nervensystem, Gehirn, Sexualorgane, Kundalini, Blut, Hände, Zeigefinger

emotional	Wut, Aggression, Zorn, Geborgenheit, Liebe, Mitgefühl, Verzeihen, Vergebung, Gnade, Lust, Freude, Begeisterung, Ekstase
energetisch	Flüche, Schwüre, Pakte, Gelübde, Bindungen, Versprechen, Ideale, Verpflichtungen
geistig	Gerechtigkeit und Ungerechtigkeit, Kampf und Frieden
spirituell	(Selbst-)Vergebung, Erleuchtung, in Gott aufgehen, Stille, Frieden
kollektiv	Gruppenbindungen, kollektive Vorstellungen von Glauben, Leben und Sein, Kampf, Krieg und Frieden
Engel	Erzengel Uriel, Metatron, Elohim
Meister und Meisterinnen	Jesus Christus, Maria Magdalena, Saint Germain, Quan Yin, Karmischer Rat
Naturgeister	Salamander, Djinn, Feuerwesen, Elfen
weitere Zuordnungen	flammend, züngelnd, wandelnd, transformierend
positive Qualitäten	tatkräftig, dynamisch, charismatisch, aktiv, begeisternd, motivierend, leidenschaftlich, herzlich, beschützend, verteidigend, hilfsbereit, anpackend, kreativ, innovativ, aufrichtend, verbindend, Kraft und Energie aufbauend und erhöhend; Pioniergeist, Führungsgeist, Geborgenheit, Wärme, Liebe, Mut, Tapferkeit, Entschlossenheit, Glaube und Vertrauen
negative Qualitäten	cholerisch, aggressiv, egozentrisch, verletzend, zerstörend, ausnutzend, ausbeutend, versklavend, grenzüberschreitend, ausbreitend, rücksichtslos, kämpferisch, streitbar, aufbrausend, donnernd, größenwahnsinnig, fanatisch, expandierend; Selbstüberschätzung, »ICH-BINs-Gegenwart«, Zorn, Wut, Hass, Energievampirismus, Eifersucht, Ungeduld

Heilung und Stärkung des Feuerelements mit der Violetten Flamme wirken, bereinigen, vergeben, verzeihen, erlösen, dienen, Selbstmeisterung, Schattenarbeit, Lichtarbeit, Befreiung, Erbarmen, Hingabe, Feueratmung, Feuerlauf, Energieausgleich, das Feuer in höhere Bereiche und Dimensionen lenken, Tantra, Sonnentanz, Agnihotra, Feuerzeremonien, Selbstvergebung, Hatha-Yoga, Sport, Meditation, Kontemplation

Meisterung Wandlung und Lösung von energetischen Bindungen, Gelübden, Flüchen, Schwüren, Verpflichtungen und Bindungen, Lenkung und Leitung der Kundalini-Energie, Heilung durch Vergebung, Verbindung des inneren Lichtes mit dem ewigen Licht, Erleuchtung, Freiheit

zu viel Feuer ungehalten, zerstörend, lenken, leiten, beherrschen, hitzig, reizbar, schnell erregbar, aufbrausend, überrumpelnd, egozentrisch, übergreifend, selbstsüchtig, angriffslustig, sarkastisch, rücksichtslos, lässt andere nicht gelten; Energievampirismus, unkontrollierte Energie, cholerische Züge, Streit, Angeberei, Rechthaberei, Tyrannei, Fanatismus, Zorn, Gewalt, Täter, Schuldbewusstsein, Missbrauch von Energie

zu wenig Feuer energielos, gleichgültig, antriebslos, sich lenken und leiten lassen, schnell aufgeben, passiv, ständig frieren, keine Energie halten können, kein Selbstwert und kein Selbstvertrauen haben; gebundene Energie, Seelenverlust, traumatische Erinnerungen, Opfer, Mangel

ausbalanciertes Feuer agierend statt reagierend, wach, kreativ, inspirierend, ansteckend, begeisternd, wegweisend, dem Höchsten dienend, führend, charismatisch, mit dem höchsten Licht verbunden, bewusst, mutig, Dinge durchziehen und gut zu Ende bringen, Worte in Taten umsetzen, Energien leiten und lenken; Aufmerksamkeit, Spannkraft, Eingebungen, Frieden, höhere Ideale, Geborgenheit, Wärme, Beständigkeit, gute Intuition, Herzenswärme, Selbstliebe, Selbstvertrauen, Kraft, ausgebildeter Lichtkörper

Die praktische Arbeit mit dem Tetraeder

* Achtsamkeit
* wandeln statt verneinen
* Schattenarbeit
* Rückführungen
* Erlösungsarbeit
* Lösung von Schocks und Traumen
* Vorausschau
* Energie erhöhen
* schöpferische Tätigkeit
* Vergebung
* Lösen alter energetischer Bindungen und Blockaden
* reinigen, auflösen und bereinigen
* siegreiches Gelingen
* Erkenntnis
* Mut und Kraft
* Ideen und Visionen in die Tat umsetzen
* Wärme und Mitgefühl
* Geduld und Hingabe
* Erwachen
* Lichtkörperaktivierung
* Begeisterung und Lebensfreude
* erfüllte Sexualität
* Heilung in der Sexualität
* wach und gegenwärtig
* Tatkraft
* Heilung
* Erfolg

Die ewige Flamme wohnt in deinem Herzen,
aufwärtsstrebend, sich verändernd,
bereit, sich mit dem höchsten Licht zu vereinen,
um aus der Einheit schöpfen zu können.

Das Tetraeder dient der Einweihung in höhere Welten. Es ist hervorragend dazu geeignet, alte Muster zu erlösen und aufzulösen. Wir können mit ihm die Energie an Orten erhöhen und aufladen. Es wirkt wie ein geistiges Feuer, das die Menschen zusammenführt und alte Themen und Geschichten durch Erkenntnis, Gespräche und Vergebung bereinigt. Es löst energetische Verbindungen, macht die Energiebahnen frei und führt in die Freiheit und in die Schöpferkraft. Wir erfahren eine Zufuhr an Energie und lernen, diese auf heilsame Weise zu lenken und zu leiten. Das Tetraeder reinigt Energiefelder aller Art und lädt diese mit neuer Lichtenergie auf. Es kann installiert werden, um den Lichtkörper aufzubauen, die Energie zu lenken und zu leiten und alte Schocks aufzulösen.

Das Geschenk des Feuers

Stelle dir das Tetraeder in deiner Hand vor, oder nimm es in die Hand. Es ist deine Energie, deine Flamme, deine Lebenskraft. Nimm wahr, wie es sich für dich anfühlt. Öffne langsam eine Seite des Tetraeders, und sieh hinein. Was für ein Geschenk, was für eine Botschaft hat das Feuer für dich? Nimm das Geschenk des Feuers, des Tetraeders, an, und lasse zu, dass es sich in deinem Leben entfaltet.

Meditation mit dem Tetraeder

Betrachte das Tetraeder eine Zeit lang. Schließe dann deine Augen. Es wird Zeit, dass du durch das Feuer gehst, damit alte Dinge bereinigt werden und sich ablösen können. Begib dich in deiner Vorstellung in das Tetraeder hinein. Fühle die Basis. Stelle dir vor, wie Licht von oben in das Tetraeder hineinströmt und sich eine Lichtspirale bildet, die dich durchdringt und durchleuchtet. Vielleicht steigen alte »feurige Erinnerungen« in dir auf. Lasse sie vollkommen auftauchen. Schaue, was noch nötig ist, damit diese Situation losgelassen werden kann. Vielleicht gibt es noch etwas zu sagen, zu lösen, zurückzufordern oder zurückzugeben. Bitte deinen Feuerengel dazu, damit sich diese Situation von dir verabschieden kann. Erlebe, wie sie vom ewigen Feuer verbrannt und aufgelöst wird. Lasse dir nun ein heilsames Bild, Gefühl, Wort oder Geschenk geben, und nimm es tief in dein Herz auf. Bedanke dich, und wisse, es ist getan.

Wandlungsübung

Beobachte eine Flamme. Schaue, was die Flamme kann: Sie wandelt die feste Form in geistige Lichtenergie. Sie steht für die Transformation von einem in einen anderen Zustand. Wir sind durch die Flamme in unserem Herzen dazu in der Lage, die Zustände zu wandeln und die Energie zu erhöhen.

Lege das Tetraeder vor dich hin. Nimm dafür eine entsprechende Form, oder visualisiere das Tetraeder vor dir. Es ist die ewige Form des Lichtes, und dieses Licht kann alle Zustände annehmen und wandeln. In diesem geistigen Feuer kannst du alles transformieren und die Energien ins Gleichgewicht bringen. Du kannst Wut und Zorn durch Mitgefühl, Vergebung und Gnade in Liebe wandeln.

Bitte zunächst deine Engel und geistigen Helfer an deine Seite. Rufe dann die Person, mit der du etwas zu bereinigen hast, auf geistiger Ebene an das Feuer. Sage alles, was du ihr schon lange einmal aufrichtig mitteilen wolltest. Höre, was die Person dir antwortet. Führe das Gespräch fort, sodass Erkenntnis gewonnen werden kann.

Wenn du etwas für die Person getragen hast und abgeben möchtest, gib es ins Feuer. Das Feuer nimmt alle belastenden Energien auf und transformiert sie. Wenn du nicht weiterkommst, bitte deine geistigen Helfer um Rat und Vermittlung, sodass Heilung geschehen kann.

Schaue, was es braucht, damit du vergeben und heilen kannst. Vergiss in der Situation nicht, dich dir selbst zuzuwenden, dir zu vergeben und dich in die Arme zu nehmen. Die Situation kann sich jetzt wandeln.

Installation eines Tetraederfeldes

Installiere ein Tetraeder in roter Farbe um dich herum, wenn du dich kraftlos und nicht mit der höchsten Lichtebene verbunden fühlst. Stelle dir dazu das rote Tetraederfeld vor, und begib dich hinein. Mit der Feueratmung kannst du die Energie verstärken. Atme dafür ganz schnell durch die Nase ein und aus. Auf diese Weise baust du über die Atmung Licht auf. Schaue, was passiert und wie sich deine Feuerkraft aufrichtet. Das kann sich anfühlen, als ob eine Flamme deine Wirbelsäule hinaufzüngelt. Lasse das Feuer so lange um dich herum und durch dich hindurch wirken, bis es ruhig, hellgold und stabil ist. Erledige dann die Aufgaben, die anstehen. Du wirst dich nach dieser Übung gereinigt, gestärkt und erfrischt fühlen und wieder Energie für deine Tätigkeiten haben.

Erfahrungen mit dem Tetraeder

Das Tetraeder – Bericht 1

Das Tetraeder drehte sich wie eine Lichtspirale und weitete sich aus. Energetisch wirkte es wie ein Feuerwerk, das den Raum reinigte und alles verbrannte, was nicht lichtvoll war. Das Feuer wirkte aktiv, dabei drehte sich die Lichtspirale aus dem Tetraeder nicht nur im Raum, sondern auch im Menschen. Zuerst wurden die alten Muster aktiviert, noch einmal angeschaut und dann im Feuer verbrannt und aufgelöst. Aus dem Körper traten Blitze, die Energiebahnen begannen, sich zu reinigen, und die Energie floss wieder. Nach der Sitzung fühlte ich mich aufgeladen.

Das Tetraeder – Bericht 2

Ich nahm das Tetraeder in die Hand. Es ging direkt ins Halschakra und löste dort Hitze aus. Alles, was ich bis dahin immer »hinuntergeschluckt« hatte und was für mich unerträglich war, sprudelte laut aus meinem Mund heraus. Ich empfand Wut, ich war zornig, weil ich so viel hingenommen hatte. Das Feuer aktivierte auch das Feuer in mir. Es reinigte mich innerlich. Ich bekam Kopfweh, Durchfall und verspürte körperliche Schmerzen. Doch langfristig brachte mir das Feuerelement Reinigung und die Heilung meines Energiesystems.

Das Tetraeder – Bericht 3

Ich nahm die Farben Gold, Orange und Rot und einen Hauch von Gelb wahr. Das Tetraeder wirkte sehr gewaltig auf mich, und in mir entstand eine extreme Hitze. Wenn ich dieses Element in einen Kreis stellte, entstand in der Mitte des Kreises eine Spirale mit Nebeln, die unserer Galaxie, unserer Milchstraße, glich. Ich sah die Atome und die Lichtenergie in allem, und auch die kleinsten Lichtteilchen wurden erkennbar. Wir sind Lichtenergie. Das Tetraeder schenkte mir ein geistiges Bewusstsein, wodurch ich neue Erkenntnisse erlangen konnte. Ich spürte die ewige Flamme in meinem Herzen und, wie sie sich ausdehnte und wieder zusammenzog.

Das Tetraeder – Bericht 4

Ich nahm das Tetraeder. Sofort zeigten sich mir Explosionen und Kriegsszenen. Es war heftig. Ich hätte das Tetraeder am liebsten gleich wieder aus der

Hand gegeben, doch eine Stimme in mir sagte, dass ich durch die Situation gehen sollte. Ich hörte die Angriffe, die fallenden Bomben und die Explosionen. Da ich in Kriegszeiten geboren wurde, war diese Erinnerung sehr traumatisch. Ich hielt durch. Alles beruhigte sich wieder etwas, doch der Schock saß noch in meinem Energiefeld, und ich ängstigte mich bei plötzlichen lauten Geräuschen. Das Feuer wurde sanft, warm und dennoch riesig und wild. Es begann, diese Bilder zu verbrennen und aufzulösen, und ich spürte, wie sich die Geräusche aus meinen Ohren und aus meinem Energiesystem entfernten. Es war wohltuend und bereinigend. Am Ende spürte ich einen tiefen Frieden in mir. Ich hatte das Gefühl, dass mein Herz sich endlich zu öffnen begann und ich wieder Vertrauen fassen konnte.

Das Tetraeder – Bericht 5

Ich nahm das Tetraeder in die Hand. Ich fühlte seine Spitze in meinem Unterleib. Unschöne Szenen aus meiner früheren Ehe und meinem Sexualleben tauchten auf. Ich fühlte mich beschmutzt, voller Scham und Schmerz. Für einen Moment hatte ich das Gefühl, das Tetraeder aus der Hand geben zu müssen. Mir war übel. Ich sah in den Flammen eine Teufelsfratze, doch sie konnte nicht zu mir durchdringen. In mir tobte es. Es ging vor allem darum, mir selbst zu verzeihen und das Alte loszulassen. Plötzlich erschien ein leuchtender Engel, der mich in sein Licht einhüllte, und all diese unschönen Szenen begannen, sich in einem geistigen Feuer aufzulösen. Ich hatte das Gefühl, dass meine Reinheit und Unschuld wiederhergestellt wurden, und ich fühlte einen Segen in den Flammen, die immer mal wieder violett, rötlich gold und orange aufloderten. Zum Schluss waren sie weiß-golden und ganz ruhig und rein. Ich bekam einen Kelch geschenkt, sodass ich wieder Energie sammeln und auch halten konnte. Die ganze Zeit war es mir nicht möglich gewesen, irgendetwas zu halten. Sobald ich ein wenig Energie hatte, floss sie wieder weg, und das auf allen Ebenen. Ich spürte nun einen goldenen Segensfluss und tiefe Heilung in meinem Basischakra. Es drehte sich und baute Energie auf. Zum Abschluss bekam ich ein Bild von einer Frau und einem Mann geschenkt, die in Liebe und Achtung aufeinander zutraten und liebevoll miteinander umgingen. Ich kannte dieses Gefühl nicht, doch zum ersten Mal empfand ich tief in mir, dass Partnerschaft auch anders sein konnte, als ich es kannte. Ich fühlte, dass mein innerer Magnet sich neu ausrichtete und mich für neue Erfahrungen in der Liebe vorbereitete. Ich empfand überfließende Liebe, Freude und wieder Lebenslust und Mut, mich doch noch einmal zu öffnen. Ich war sehr dankbar für diese unglaubliche Erfahrung, die durch das Tetraeder ausgelöst wurde. Ich spürte gleich, dass sich etwas in mir grundlegend geändert hatte. Ich fühle mich frei, lichtvoll und mutig, hatte neue Energie.

Das Tetraeder – Bericht 6

Wir wendeten das Tetraeder in der Gruppe an. Wir standen wie um ein Lagerfeuer um es herum, es wirbelte Lichtspiralen nach oben und nach unten. Dabei wurde verschiedenfarbiges Licht freigesetzt: Grün, Violett, Rot, Gold … Es war wie ein Feuerwerk. Wir fühlten die Wärme von Vater Sonne und den feurigen Kern im Zentrum von Mutter Erde. Beide Energieströme flossen durch uns, und wir spürten eine Ausrichtung von Himmel und Erde in uns und unserem Lichtsystem. Eine warme Atmosphäre und eine deutliche Ausdehnung der Energiefelder waren wahrnehmbar, als ob die Lichtkörper aktiviert würden. Liebe, Frieden und Vertrauen bauten sich im Raum auf. Die Lichtspiralen wanderten durch Raum und Zeit. Wir nahmen wahr, wie Themen erlöst wurden, die schon lange zurücklagen, und wie der Ort heller und lichtvoller wurde. Auch erkannten wir in unserer Seele, woher wir uns kannten. Es war die Vertrautheit innerhalb eines alten Stammes, der schon manche Heilrituale für Mensch und Erde abgehalten hatte. Bindungen zwischen uns wurden gelöst und von Herz zu Herz neu geknüpft. Es schien, als ob alle Dimensionen in dem Licht zusammenflössen und Zeit und Raum nicht existierten. Ein Engel des Lichtes nahm sich dieses Ortes an, um die Energie dort zu halten. Wir fühlten uns gereinigt, neu verbunden, und der Ort wirkte lichtvoll, friedlich und geklärt. Inspirierende Gespräche entstanden. Es gab viele neue Erkenntnisse, die sich mit Worten nicht ausdrücken ließen. Wiedererkennen und Heilung waren das Ergebnis. Wir glauben, dass das Tetraeder auch gut für Rückführungen in frühere Leben und das Lösen uralter energetischer Muster in Bezug auf Menschen, zwischenmenschliche Beziehungen und alte Verbindungen geeignet ist.

Ikosaeder – Element Wasser

Die Tränen des Menschen, die Flüsse einer Landschaft und
die Meere der Welt werden eins mit dem göttlichen Ozean in uns.
Der Kreislauf des Wassers in seinen verschiedenen Formen
bringt alles wieder zurück.

Der Name des Ikosaeders stammt aus dem Griechischen und bedeutet »Zwanzigflächner«. Das Ikosaeder besteht aus:

* 20 gleichseitigen Dreiecken,
* 30 Kanten und
* 12 Ecken.

Alle Körper, die aus gleichseitigen Dreiecken bestehen, sowie Flüssigkeiten, auf die keine äußeren Kräfte wirken, nähern sich der Kugelform am ehesten an. Blickt man senkrecht auf eine der Ecken des Ikosaeders, ergibt sich ein Fünfeck, blickt man hingegen senkrecht auf eine seiner Flächen, erkennt man einen sechseckigen Umriss. Dies zeugt von einer gewissen Tendenz zum Sechseck, das dem Ikosaeder wie auch dem Wasser zu eigen ist, deutlich z. B. an den sechseckigen Schneeflocken und den sechseckigen Wasserkristallen, die von Masaru Emoto sichtbar gemacht wurden. Deshalb wird das Ikosaeder dem Wasser zugeordnet. Es unterstützt die menschliche Wasserenergie.

Das Ikosaeder im täglichen Leben

Ikosaederähnliche Formen finden wir in verschiedenen Mineralien, in Pflanzen mit mehreren Blüten oder im Kern des Seesterns. Seine Form und grundsätzlich Formen, die aus vielen Dreiecken bestehen, werden besonders in der Technik, der Telekommunikation und der Raumfahrt verwendet. Satellitenschüsseln, Sender oder Raumfahrtstationen weisen oft die Form eines Ikosaeders auf. Sie ist in sich abgeschlossen, bietet aber Zugang zu vielen Richtungen und Anschlussmöglichkeiten.

Gott ist die Liebe, und wer in der Liebe ist, der ist in Gott, und Gott ist in ihm.

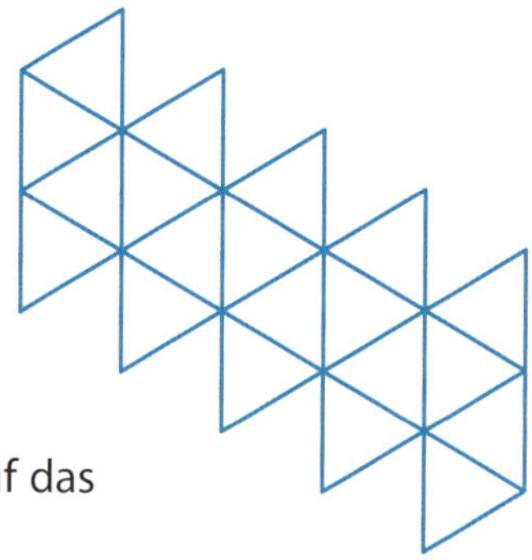

Das aufgeklappte Ikosaeder

Klappt man das Ikosaeder auf, so erhält man eine auf- und abschwingende Welle. Auch im Leben geht es auf und ab, gibt es Höhen und Tiefen, Ebbe und Flut, Innen und Außen, Einatmen und Ausatmen. Für alles gibt es eine Zeit. Mit dem Ikosaeder erhalten wir eine umfassende Sichtweise auf das Leben und erfassen es in seiner Ganzheit.

Die Zahl 2 (20) – Kraft des Fühlens

Das Ikosaeder hat 20 Flächen. Die 2 ist die Zahl des Urweiblichen, der Empfängnis, der Passivität, des Seins und der Polarität. Sie symbolisiert den Freiraum zwischen zwei Polen. Zu allem gibt es ein Gegenstück. Alles hat mindestens zwei Seiten.

Der weibliche ist der fühlende Weg. In der 20 ist die 2 verzehnfacht. Dies weist darauf hin, dass Gefühle eine Energie erhöhen oder senken können – je nachdem, welche Gefühle wir zulassen, anerkennen und befreien. Das Gefühl bestimmt unsere Handlung. In unserer Gesellschaft wird ihm oft noch eine untergeordnete Rolle zugeschrieben, denn man kann es dominieren und sich von ihm distanzieren oder es verdrängen. Doch unser wahres inneres Gefühl kann unsere Taten bestimmen und unsere Träume wahr werden lassen. Erst wenn wir uns erlauben, zu fühlen, in die Dinge hineinzuspüren, können wir sie in ihrer Tiefe erfahren – und je tiefer wir sie erfahren, desto eher hat eine Idee die Kraft, Wirklichkeit zu werden.

Im Ikosaeder erblickt man ebenfalls die Struktur der Gefühle Freude (Licht) und Liebe. Diese Gefühle befreien uns aus dem Rad des Karmas. Wenn wir anerkennen, dass die Schöpfung reine Liebe ist, werden wir von dieser Liebe getragen. Alles, was wir mit Gefühlen erspüren, hat die Tendenz, wahr zu werden. Das Ikosaeder erinnert uns daran, dass Liebe und Licht uns durchdringen und uns strömend umgeben. Dies ist der Fluss des Lebens, der uns trägt und uns mit den Ozeanen der Freude und des Seins vereint.

Zusammenfassend lässt sich sagen, dass das Ikosaeder unser Gefühlsempfinden verstärkt und uns Gefühlen näherbringt, die noch nicht erlöst sind und unsere Seele binden. Schattenarbeit, Vergebung, Gnade und Liebe machen uns frei.

Symbole des Elements Wasser – der Mond, die Welle

Der Mond beeinflusst das Wasser und wird von jeher damit in Verbindung gebracht. Er steht für die Intuition, das Unterbewusste, die Magie, das Empfängliche und das weibliche Prinzip. Die Welle beschreibt die Bewegung des Wassers, den Rhythmus von Ebbe und Flut, von Außenwelt und Innenwelt, von Tiefe und Höhe und symbolisiert die ewige Wiederkehr.

Das Element Wasser

Wasser bedeckt den größten Teil unseres Planeten. Es leitet die magnetischen und elektrischen Ströme und ist ein wichtiger Informationsträger. Mit seiner Kraft versorgt das Wasser die Natur, denn es ist das Lebenselixier, die Quelle allen Lebens. Es sorgt für Nahrung, Wachstum, Rhythmus, Bewegung, Erfrischung, Austausch, Reinigung und Heilung. Es wurde dem Menschen zur Freude, Segnung, Weihung und Reinigung gegeben. Wir sind unser ganzes Leben lang von Wasser in verschiedenen Formen und Aggregatzuständen umgeben – vom Grundwasser über Quellen, Seen, Sümpfe, Teiche, Flüsse und Meere bis hin zu Nebel, Wolken, Regen, Eis und Schnee. Das Wasser ist eng mit dem Mond, den Mondzyklen und den Rhythmen des Lebens verbunden. Es symbolisiert die Reife, das Wachstum und die Tiefe im Erleben und im Empfangen. Auch hilft es dabei, Verunreinigungen zu beseitigen und Klarheit wiederherzustellen.

Ein Wunder des Wassers ist, dass seit Milliarden von Jahren Schnee auf diese Erde fällt und doch jeder Schneekristall einzigartig ist. Es gibt keine zwei identischen Eiskristalle. Ein weiteres Wunder besteht darin, dass Wasserkristalle auf Emotionen und Gesang reagieren und entsprechend ihre Form verändern. Sie erblühen in der Gegenwart von Frieden, Liebe und Harmonie augenblicklich zu zauberhaften Kristallen. In der Gegenwart von Wut, Zorn, Trauer, Hass und Verschmutzung hingegen verkümmern und zerbrechen sie. Sie reagieren auf ihre Umgebung und transportieren diese Energie in ihrer Form. Der Wasserforscher Masaru Emoto hat dies für die Welt sichtbar gemacht. Wir sollten uns bewusst werden, was unsere Gefühlsschwingungen in uns und in unserer Umgebung auslösen können. Wasserkristalle weisen in ihrer Urform die Gestalt des Ikosaeders auf.

Das Element Wasser in uns

Unser Körper besteht zu etwa 60 Prozent aus Wasser. Bei Säuglingen ist der Anteil deutlich höher. Die ersten neun Monate verbringen wir im Fruchtwasser. Wir werden aus dem Wasser versorgt, wir wachsen und gedeihen darin. Unsere verschiedenen Körpersäfte haben unterschiedliche Aufgaben – sie nähren und reinigen uns, machen uns fruchtbar und transportieren Energie. Das Wasser steht in Verbindung mit unserem Emotionalkörper, unseren Gefühlen und Emotionen, mit unserer Seele und unserem seelischen Erleben. Urvertrauen und Vertrauen in das Leben sind ebenfalls eng mit diesem Element verbunden. Gefühle können uns erhöhen und wunderbare Dinge manifestieren oder uns niederdrücken und in Tiefen führen.

Die Taufe – Einweihung in das Element Wasser

Der Einweihungsweg in das Element Wasser ist die Taufe. Es gab sie schon lange vor der Christianisierung. Durch sie wird ein Mensch ein zweites Mal geboren. Er kann seine geistige, seelische Natur entfalten, die ihren Ursprung in der Ewigkeit und der Unvergänglichkeit hat. Für den Eingeweihten verbindet das Wasser zwei Welten miteinander, für den Uneingeweihten trennt es sie. Wer in der Liebe ist, erkennt die Liebe in allem und bringt den innersten Kern zum Leuchten.

Zusammenfassende Zuordnungen zum Ikosaeder

Zahlen	0, 2, 3
Vokal	O – der Vokal O kann intoniert werden, um die Schwingung des Ikosaeders zu verstärken
Richtung	Westen – Sonnenuntergang
Symbole	Mond, Wellenlinien, Kurve, Kelch, Spiegel
Farben	Silber, Grau, Blau, Grün, Weiß
Tiere	Wal, Delfin, Fische
Pflanzen	Lotos, Seerose, Algen, Weide, Farn, Efeu
Minerale	Granat, Leucit, Ozeanachat, Koralle, Perlmutt, Perle
Plätze	Bäche, Flüsse, Seen, Teiche, Tümpel, Meere, Moore
Natur	Regen, Schnee, Regenbogen, Nebel, Wolken, Hagel, Eis, Geysire, Quellen
Königreiche	Reich der Träume und Visionen, Astralebene
Instrumente	Laute, Klavier, Ocean Drum
Qualitäten	fließend, feucht, kalt, warm, heiß, negativ, polarisierend, magnetisch, auf/ab, wechselnd, leitend, in die Tiefe gehend, verbindend
Sternzeichen	Fische, Krebs, Skorpion
menschliche Ebene	Emotionalkörper, Emotion, Gefühl, Intuition, Astralebene, Traumebene, Psyche
Typ	Melancholiker
physisch	Magen, Darm, Verdauung, Leber, Nieren, Herz, Unterleib, Samenzellen, alle Körpersäfte (z. B. Blut, Fruchtwasser, Muttermilch, Verdauungssäfte)

emotional	sensibel, einfühlsam; Partnerschaft, Beziehung, Freundschaft, Angst, Furcht, Trauer, Leiden, Freude, Humor, Eifersucht, Misstrauen, Vertrauen, Urvertrauen, Empfindsamkeit, Wahrnehmung, Tiefe
energetisch	gebunden sein, nicht loslassen können; Abhängigkeit, Sucht
geistig	Selbstliebe, Selbstwert, Mitgefühl, urteilsfreie Liebe
spirituell	dienen, fließen lassen, sich führen lassen; Hingabe
kollektiv	Erlösung durch Wertschätzung, Liebe, Trost und Anerkennung, Wiedergutmachung
Engel	Erzengel Gabriel, Elohim Vista und Kristall
Meister und Meisterinnen	Serapis Bey, Maha Chohan, Weiße Tara, Bodhidharma, Aloha van Daath
Naturgeister	Undinen, Wassernixen, Nereiden
weitere Zuordnungen	fließend, fest, gasförmig, den Zustand wechselnd, magnetisch, anziehend, dämmend, ein- und ausleitend, negativ polarisierend, aufnehmend, heiß bis eiskalt, lösen und binden; viele Möglichkeiten, Schattierungen, Zustände, Formen und Verbindungen, vielfältige Anschlussmöglichkeiten, viele Lösungsmöglichkeiten
positive Qualitäten	sanft, zart, umspülend, reinigend, weihend, segnend, heilend, wertschätzend, fließen lassen, loslassen, anpassungsfähig, bescheiden; Reflexion, geistige Schau, Hingabe, Vertrauen, Urvertrauen, Intuition, Mitgefühl, Freude, Sinnlichkeit, Liebesfähigkeit, Anerkennung, Empfänglichkeit, Sensibilität, Fruchtbarkeit, Weichheit, Seele, seelisches Verstehen, Visionen empfangen, inneres Sehen, Klarwissen, Verbundenheit, Flexibilität, Tiefe, Erkenntnis

negative Qualitäten	opfern, aufopfern, melancholisch, unbeständig und wechselhaft, launisch, abhängig, sich gehen lassen, sich treiben lassen, aufgeben, nicht zwischen sich und anderen unterscheiden können, verträumen, vernachlässigen; Selbstzweifel, Entscheidungsschwierigkeiten, Suchtgefahr, Verführung
Heilung und Stärkung des Wasserelements	Tai Chi, Floating, Zen, Kontemplation, Meditation, Journey, Sport, Bewegung, Vergebungszeremonien, Aufstellungsarbeit, Trink- und Durchspülungskuren, Wickel, Ho'oponopono, Spiegeltechniken, Extraktion, Traumverschiebung, Traumarbeit
Meisterung	dienen; Vertrauen, Hingabe
zu viel Wasser	emotional, empfindsam, empfänglich, hochsensibel, in ständiger Sorge um alles und jeden, zwanghaft, reinlich, reizvoll, unbeständig und launisch, anhänglich, viel in sich aufnehmen, sich mit allem verbunden und für alles verantwortlich fühlen, dankbar, zutiefst verbunden, nicht mehr unterscheiden können, kopieren, nachahmen; Angst, Ängstlichkeit, Furcht, Sucht, Abhängigkeit, Verführung, Traum und Trugbilder, Verlockung
zu wenig Wasser	unsensibel, furchtlos, hart, herzlos, gnadenlos, kalt, abweisend, alles beschmutzen, durch den Dreck ziehen, sich auf Kosten anderer lustig machen, starr, unbeweglich, nicht loslassen können, an alten Situationen festhalten, undankbar, nicht verbunden sein, Befehle ausführen, unverhältnismäßige Reaktionen, Gewissenlosigkeit
ausbalanciertes Wasser	intuitiv; wissen, was gebraucht wird, damit eine Situation heilen kann; wertschätzend, anerkennend, liebend, mitfühlend, einfühlsam, klärend, bereinigend, lösend, erlösend, befreiend, erfrischend, sprudelnd, heilsam, heilend, empfänglich, voller Vertrauen, einer größeren Kraft dienen, aus dem Moment schöpfen, angebunden sein an die innere Quelle; Einfühlungsvermögen, Hingabe an die innere Führung, Dankbarkeit, Erkenntnis, intuitives Wissen, Herzwissen, Hingabe an den Weg

Die praktische Arbeit mit dem Ikosaeder

* Energiefluss
* emotionale Heilung und Stabilität
* Aufladung, Reinigung und Klärung
* Verbindung und Lösung, Neuanschluss
* Erkenntnis und tiefe Einsichten
* Lösung und Erlösung
* Entgiftung
* gebundene Energie kann frei werden und neue Bindungen eingehen
* Vertrauen
* Weihung und Segnung
* Verständnis, Wandlung, Heilung

Das Ikosaeder kann bei der Arbeit mit Wasser und dem Wasserelement auf allen Ebenen und in allen Dimensionen verwendet werden. Es hilft, die Dinge zu verbinden, alte, festgefahrene Situationen aufzulösen sowie bei Erdheilungen neue, frische Energie in die betreffenden Gebiete zu tragen. Es kann beispielsweise bei Waldbränden geistig installiert werden, um diese schneller zu löschen, und es hilft, Lichtinformationen zum Element Wasser und allem, was damit zu tun hat, zu bekommen. Das Ikosaeder stellt Lichtverbindungen her und ist ein großartiger Informationsträger zwischen den Dimensionen und Ebenen. Es hat viele Verbindungs- und Anschlussmöglichkeiten, die wir für die Heilung von Emotionen und Körperebenen oder bei Verschmutzungen verwenden können. Es kann auch dazu genutzt werden, alte Dinge zu bereinigen, zu klären und wieder zum Fließen zu bringen. Wir können das Ikosaeder geistig in unserem Energiefeld installieren oder in Energiefeldern, die Bereinigung, Heilung, Aufladung und Schutz auf der emotionalen Ebene brauchen.

Das Geschenk des Wassers

Stelle dir das Ikosaeder in deiner Hand vor, oder nimm es in die Hand. Es steht für deine Gefühle, deine Emotionen, deine fließende Energie. Nimm wahr, wie es sich anfühlt. Dann öffne das Ikosaeder langsam an einer Seite, und blicke hinein. Was für ein Geschenk, was für eine Botschaft hat das Wasser für dich? Nimm das Geschenk des Wassers, des Ikosaeders, an, und lasse zu, dass es sich in deinem Leben entfaltet.

Schwimme nicht mit der Welle, sei die Welle.

Installation von Ikosaederfeldern

Diamantrein strahlendes Licht,
heller als 1000 Sonnen,
ergießt sich in meinen Emotionalkörper
und reinigt ihn von allen negativen Energien.
Alle dunklen Stellen wandeln sich in reines, fließendes, strahlendes Licht.
Alles, was nicht der göttlichen Vollkommenheit entspricht,
wird jetzt fortgespült.
Ich bin gesegnet, geliebt und getragen.
Meine göttliche Führung wirkt durch mich
und segnet mich mit allem, was ich heute brauche.

Durch die Installation eines Ikosaedergitters, das sich nach allen Seiten drehen kann, erfahren wir Reinigung, Stärkung, Heilung, Schutz, Klarheit, Erneuerung, Ausgleich, Harmonisierung, Energetisierung und Balance in unserem Energiefeld oder in dem zu heilenden emotionalen Feld anderer Lebewesen und Plätze. Das Ikosaeder holt alte Emotionen hervor, die wir lange unterdrückt haben, und beginnt durch seine Drehbewegungen, diese zu bereinigen und zu heilen. Es ist möglich, dass das Ikosaederfeld dazu bestimmte Farbqualitäten annimmt, die das Energiefeld braucht, das von ihm umgeben und durchdrungen wird. In einer emotional schwierigen Situation ist es ratsam, das Ikosaeder im Emotionalfeld zu installieren und rotieren zu lassen. Auf diese Weise bleiben wir emotional stabil, klar und bei uns.

Wir können das Ikosaedergitter für eine Begegnung, für einen Tag oder so lange, bis der Emotionalkörper geklärt und gereinigt ist, bzw. so lange, wie der Platz braucht, sein Energiefeld wiederherzustellen, installieren. Nach Heilsitzungen können wir unser Energiefeld mit dem Ikosaeder reinigen und klären, sodass keine Fremdenergie mehr an uns haftet, und voller Freude unser Leben weiter gestalten. Mit dem Ikosaeder lassen sich außerdem Gefühlsfelder verstorbener Seelen reinigen, sodass diese ins Licht gehen können. Empfehlenswert ist hierzu die Anwendung mehrerer platonischer Körper (siehe Kapitel »Die praktische Arbeit mit den platonischen Körpern«). Mit dem Ikosaeder können Licht- und Liebesverbindungen verstärkt, energetisiert und aktiviert werden. Es hilft, die Quellen freizulegen, das Wasser zu reinigen, Wasseradern zu wandeln, Wasser zu beruhigen und wieder zum Fließen zu bringen.

Lasse dich von deiner inneren Führung anleiten. Nimm dir Zeit, begib dich in die Stille, und bitte deine geistige Führung, jetzt mit dir zu arbeiten. Du kannst einen Gegenstand in Form des Ikosaeders wählen oder dir das Ikosaeder vorstellen und sehen, wie es sich in deinem Energiefeld materialisiert und zu drehen beginnt. Schaue, welche Farbe es annimmt, wie es sich bewegt und was es in dir bewirkt. Fühle, wie es das Licht, das es annimmt und in dein Energiefeld abgibt, an die Stellen bringt, die diese Energie jetzt brauchen.

Hier einige Beispiele zur Wirkungsweise eines Ikosaeders im Energiefeld:

Drehbewegung:
Links drehend: linke Körperseite, weiblich, passiv, empfangend, abgebend, loslassend, in die Tiefe gehend, Altes an die Oberfläche bringend, Erlösung alter Themen; Mutter, Göttin, weibliche Seite
Rechts drehend: männlich, erhöhend, klärend, aufladend, Erkenntnisse bringend; Vater, Gott, männliche Seite
Um die eigene Achse von unten nach oben drehend: lösend, bereinigend, klärend, Informationen vom Unterbewusstsein, unbewusste emotionale Prägungen und Programmierungen
Um die eigene Achse von oben nach unten drehend: segnend, aufladend, energetisierend, mit der inneren Quelle und der höheren Führung verbindend, Fügung
Im Wechsel drehend: verschiedene Seiten miteinander verbindend, balancierend, zusammenführend, harmonisierend

Farben:

Grün: Heilung, Weihung, Segnung, Regeneration, Zirkulation

Violett: Wandlung, Reinigung und Klärung, Lösung von Verkettungen und Bindungen, die nicht mehr dienen, sowie von Versprechen, Gelübden, Verträgen etc., Vergebung

Weiß-Kristallin: Klärung, Erhöhung, Bereinigung, Erneuerung

Perlmuttfarben: Energetisierung und Harmonisierung

Opaleszent: Reinigung der feinstofflichen Verbindungen

Türkis: Heilung, Verbindung, Klarheit

Rosa: Öffnung für neue kreative Impulse, Heilung seelischer Wunden, Vertrauen, Hingabe

Gold: Aufladung, Energetisierung, Erneuerung, Leiten, Segnen

Blau-Grün: Schutz, Harmonie, besonders ratsam bei schwierigen emotionalen Begegnungen

Silber: Schutz, Erhöhung, Erlösung, Spiegel, Stärkung, Visionskraft, die Gegenwart, Zukunft und Vergangenheit betreffen kann, Gnade, Selbsterkenntnis, Stärkung der Intuition

Dunkelblau: Traumarbeit, Traumverschiebung, Traumverstärkung, Traumveränderung
Rubinrot-Gold, leuchtend: Blutreinigung, Verbindung mit göttlichem Blut, Löschung alter Informationen aus den Ahnenlinien
Koralle: Überwindung von alten emotionalen Situationen
Lachsfarben: Transformation von schweren Situationen in Lebensfreude, Erkenntnis über die Lektion dieser alten Situation
Silberblau: höchster Schutz und klare Führung
Regenbogenfarben: Farben ins Leben, an den Ort etc. bringend, Chakrareinigung, Harmonisierung, Aufladung

Dies ist nur eine kleine Auswahl von Farbschwingungen. Wenn du im Dialog mit deiner inneren Führung eine Farbe erhältst, frage dich, was diese bewirkt. Vielleicht erlebst du die Wirkung auch direkt im Energiefeld. Es kann sein, dass Meister, Engel oder Naturwesen erscheinen, durch die dir Botschaften, Wörter oder Symbole übermittelt werden. Alles ist möglich.

Es gibt mehrere Wege, das Ikosaeder zu verwenden, es Segen bringend und positiv zu programmieren. Du kannst den Befehl »rechtsdrehend« geben, »in strahlendem, heilendem Gold-Grün«, »für die nächsten drei Tage oder solange dieses Energiefeld es benötigt«, oder du vertraust deiner inneren Führung und überlässt ihr Bewegung, Farbe und Zeit.

Für Menschen, Plätze und andere Wesen solltest du die Anweisung, die du von der inneren Führung erhältst, laut aussprechen. Probiere verschiedene Wege aus.

Meditation mit dem Ikosaeder

Schaffe dir einen Raum, in dem du eine Zeit lang ungestört bist. Wenn du möchtest, höre ein Musikstück zum Thema »Wasser«. Nimm das Ikosaeder in Gedanken in deine Hand. Bitte deine Engel und die Kräfte des Wassers, dich zum Höchsten zu führen. Lasse dich sanft in einen anderen Zustand des Seins wiegen. Gib dir etwas Zeit. Spüre das Fließen des Wassers in dir. Spüre die Bewegung des Ikosaeders, und schaue, wo es dich hinführt. Es hat durch seine 20 Flächen unendliche Möglichkeiten, dich in einen traumartigen Zustand zu leiten, in dem jetzt viel Heilung geschehen kann. Vielleicht spürst du eine Farbe oder eine Bewegung. Vielleicht möchtest du das Ikosaeder auf eine Stelle deines Körpers legen. Lasse einfach zu, was jetzt geschehen will. Lasse dich von der vollkommenen Energie des geometrischen Körpers führen.

(Pause – Zeit, damit das geschehen kann, was geschehen will)

Halte und wertschätze die Stelle an deinem Körper. Gib ihr alle Liebe, die du hast. Töne und singe. Du wirst spüren, wie sich die Körperstelle verändert. Wenn du merkst, dass es Zeit ist, die Meditation zu beenden, wisse, dass es geschehen ist, und komme langsam wieder ganz in deinem Alltag an.

Erfahrungen mit dem Ikosaeder

Loslassen, Gnade, Vergebung, Liebe, Dankbarkeit und Wertschätzung sind die Schlüssel zur Heilung alter Emotionen.

Das Ikosaeder – Bericht 1

Ich beschäftigte mich mit dem Ikosaeder und begann, neue Verhaltensweisen zu verinnerlichen. Beispielsweise gewöhnte ich mir an, im Garten zu singen. Ich dachte, es täte der Natur gut. In unserem Garten haben mein Mann und ich einen kleinen Teich, in dem das Wasser häufig umkippte und ausgetauscht werden musste. Eines Tages sang ich von ganzem Herzen, mit all meiner Liebe, für Mutter Natur. Am folgenden Morgen betrachtete ich den Teich. Er war mit strahlend klarem Wasser gefüllt. Ich war fassungslos und bat meinen Mann, es sich anzuschauen. Er war Zeuge dieses Ereignisses. Mittlerweile ist unser Teich eine Oase für Tiere geworden.

Das Ikosaeder – Bericht 2

In der Arbeit mit dem Ikosaeder erhielt ich folgende Informationen: Der Wasserkörper steht für die Emotionen und die Emotionalität; er hat eine starke Verbindung zur Seele; in der Seele sind alte Emotionen verankert, die aus der Vergangenheit bis in die Gegenwart hinein und auch in die Zukunft reichen und die wir mit bestimmten Glaubenssätzen belegt haben. Das Ikosaeder holt die alten »Knotenpunkte« emotionaler Verbindungen hoch, die uns nicht mehr dienen und zu denen auch Kindheitserlebnisse, Beziehungen, die schon lange nicht mehr zu existieren scheinen, Gelübde, Versprechungen, Rituale, Bruderschaften, Erfahrungen aus anderen Existenzen oder Kollektivfelder gehören. Es hat die meisten Flächen von allen platonischen Körpern und kann die meisten Verbindungen mit anderen Elementen eingehen. Seine Frequenz und heilsame Strahlung können in die tiefsten Schichten alter, abgelagerter Emotionen hineingehen und diese reaktivieren. Es legt die Quelle in uns wieder frei. Wenn wir das Ikosaeder länger bei uns behalten, können alte und heftige, aber wahrhaftige Emotionen spürbar und mit Liebe und Wertschätzung bereinigt und erlöst werden.

Das Ikosaeder – Bericht 3

Das Ikosaeder erschien mir in der Meditation in der Farbe Violett. Aus dem Violett trat eine Spirale heraus, die Energie auf- und auch abbauen konnte. Ich erfuhr, dass das Wasser, aus dem alles Leben stammt, mit Veränderung und ewigem Wandel zu tun hat. Wasser kann alles verändern, es hat große transformierende Kräfte. Selbst ein Stein, der darin liegt, verändert mit der Zeit seine Form. Wasser hat mit dem Salz des Lebens und mit Tränen zu tun. Es reinigt das emotionale Kleid. Zudem verbindet es Mutter Erde mit Vater Himmel. Es trägt die Informationen im großen Kreislauf des Lebens zwischen diesen beiden Kräften. Dieses Element transformiert den Körper, der ständiger Veränderung unterworfen ist.

Das Ikosaeder – Bericht 4

Ich nahm an einer Sitzung mit dem Ikosaeder teil. Das Muster drehte und wendete sich vor meinem inneren Auge. Es vollzog eine langsame, sanfte Bewegung, und es dauerte eine Zeit lang, bis ich auch in meinem Körper eine Bewegung spürte. Zuerst hörte ich, wie mein Blut beständig durch den Körper floss. Ich fühlte eine leichte, wiegende und tragende rhythmische Bewegung, die mich in einen anderen Bewusstseinszustand hineinbeförderte. Es zog mich in das Muster meines Körpers, an eine schmerzende Stelle im Nierenbereich. Dort nahm ich eine Verhärtung wahr. Es war, als ob wir sanft in die Schichten der Verhärtung drangen, die aus verschiedenen emotionalen und erstarrten Zuständen bestand. Zuerst spürte ich das Gefühl des Verlorenseins, darunter tauchte das Gefühl von Einsamkeit und Kälte auf, und darunter so etwas wie Lieblosigkeit. Ich sah ein Kind, das in einer Schale auf dem Wasser schaukelte, ausgesetzt und allein in der Dunkelheit. Ich konnte nicht anders, ich ließ mich in einer Spirale noch tiefer führen. Es war dunkel und kühl und fühlte sich an wie eine nasse, schwere Hülle, aus der heraus es mich spiralförmig in ein Licht zog. Plötzlich waren Frieden, Weite und Liebe da. Letztere dehnte sich im gesamten Bewusstsein ohne Grenzen aus. Diese Urquelle ist immer da, und sie wohnt in der Tiefe von jedem und allem. Ich wurde langsam und in einer Spiralbewegung wieder durch das Loch in die nasse, schwere Hülle gezogen. Sie erschien mir jedoch plötzlich lichtdurchflutet und hell, nicht mehr eng und begrenzend. Ich nahm das Kind und gab es in die Arme der Großen Mutter, die ihm ein Liebeslied sang. Sie wiegte es sanft in ihren Armen hin und her, nahm es an ihre Brust und säugte es. Die Brüste erschienen mir wie eine Urquelle, aus denen das Wasser des Lebens floss. Alles war jetzt gut. Das Licht dehnte sich weiter aus, und all die negativen Gefühlsschichten lösten sich auf. Die Verhärtung war weg. Alles wirkte weich und sanft wie in ein rosarotes Licht getaucht. Der Schmerz war nicht mehr da, er hatte sich in Luft aufgelöst. In meinem Bauch begann es, zu gluckern und zu glucksen, wie bei der Quelle selbst. Ich habe seither öfter das Bedürfnis, das Liebeslied der Großen Mutter zu singen. Dabei fühle ich so viel Liebe und Kraft, dass ich manchmal vor Glück übersprudel und die ganze Welt umarmen möchte.

Das Ikosaeder – Bericht 5

Ich nahm das Ikosaeder in die Hand. Ein riesiger Wasserfall, nicht mit einem herkömmlichen Wasserfall vergleichbar, erschien in meinem Energiekörper. Er schwemmte alles Negative aus diesem heraus und bereinigte ihn. Was ins Stocken geraten war, begann, wieder zu fließen. Mit einem Schlag strömte alles Verkrustete fort. Ich sah den lebendigen Körper, Lebewesen, die aktiv wurden, wenn wir mit dem Wasser in Kontakt kamen. Sie existieren auf der feinstofflichen Ebene. Sie schwingen, klingen, tragen Rhythmen und Farbverläufe in sich. Sie wandern immer hin und her und verändern ihre Größe, ihre Töne, ihre Farben und ihre Muster, je nachdem, was ein Mensch denkt und fühlt. Sie können sich trennen und verbinden und ihre Zustände verändern wie das Wasser. Sie gehen mit dem Menschen in Resonanz.

Hinweis: Undinen sind die Wesen des Wassers und weisen die beschriebenen Merkmale auf.

Das Ikosaeder – Bericht 6

Ich bat um ein Ikosaedergitter um mein Emotionalfeld, weil mir ein Treffen mit meinem Ex-Mann bevorstand, bei dem bestimmte Angelegenheiten zu besprechen waren. Bis zu diesem Zeitpunkt waren die Gespräche immer wieder mühsam, anstrengend und zum Teil erfolglos geblieben. Das Ikosaeder baute sich um mich herum in strahlendem Blau, Weiß und Silber auf. Es drehte sich rechts herum. Ich bat darum, dass es in meinem Energiefeld für die Zeit der Besprechung wirken würde. Während des Gesprächs fühlte ich mich klar und gestärkt und konnte die Unterredung konstruktiv lenken. Zum Teil hatte ich das Gefühl, aus einer inneren Klarheit heraus die Führung zu übernehmen. Ich war gegenwärtig und präsent. Wir konnten in aller Ruhe vieles regeln, ohne in alte emotionale Muster zu verfallen. Ich war danach voller Freude und fühlte mich auf meinem Weg sicher geführt. Ich konnte ruhig und klar für meine Belange einstehen. Mein Ex-Mann bedankte sich sogar für das Gespräch. Das war eine tolle Erfahrung, und zum ersten Mal seit langer Zeit spürte ich wieder Wertschätzung und Achtung.

Das Ikosaeder – Bericht 7

Ich nahm das Ikosaeder in die Hand. Es dauerte eine Zeit lang, bis ich weiß-türkises Licht wahrnahm, das in mein Immunsystem floss und Herz und Verstand miteinander verband. Das Ikosaeder führte mich zu der starren, unguten Liebesverbindung, in der ich mich mit meinem Partner befand. Die Energie floss nicht mehr, sie wirkte wie ein ausgetrocknetes Flussbett, ein unfruchtbar gewordenes Tal. Die Quellen waren versiegt. Es gab eine Wüste, aber keinen Austausch. Langsam bewegte ich mich über diese Landschaft hinweg und wurde in eine Spalte hineingezogen, in der sich Wasser befand. Dort war eine Quelle, doch ihr Wasser konnte nicht mehr ins Tal fließen, weil sie verschmutzt und irgendwie in sich selbst eingeschlossen war. (So fühlte ich mich oft: gefangen, ungesehen, einsam und traurig.) Das Ikosaeder fiel ins Wasser und begann, es spiralförmig, wie mit der Bewegung eines Quirls, zu reinigen, und arbeitete sich bis zum Ursprung der Quelle vor. Es zeigte sich eine schwarze Schlange, die das Fließen verhinderte. Sie schien tot zu sein. Langsam wurde sie von unsichtbaren Kräften aus der Quelle herausgezogen und an Land gebracht, wo sie gehäutet und in den großen Kreislauf zurückgegeben wurde. Das Muster auf ihrer Haut löste sich auf, das Wasser stieg und stieg und strömte in das Flussbett. Es überflutete das ausgetrocknete Tal. Es küsste die Landschaft wach. Das Land ergrünte und wurde fruchtbar. Tiere und Menschen wurden von dem klar fließenden Wasser angezogen. Es strömte mit Freude und ohne Widerstand in neue Bahnen und auf neuen Wegen ins Tal. Ich muss wohl nicht sagen, dass sich nach dieser Heilreise mit dem Ikosaeder etwas in mir öffnete und mein Leben positiv veränderte. Mein Mann und ich fanden wieder zueinander, wir lebten wieder Sexualität, jedoch öffnete ich mich auch immer mehr meinen eigenen Interessen und anderen Menschen.

Ich erlebe heute auf vielen Ebenen einen freudigen, fruchtbaren und kreativen Austausch und fühle mich davon erfüllt. Für mich hat das Ikosaeder etwas mit der lebendigen Beziehung und dem kreativen Ausdruck zu tun, auch mit Sexualität und Selbstausdruck.

Das Ikosaeder – Bericht 8

Wir bildeten eine Heilgruppe und arbeiteten mit mehreren Ikosaedern. An dem Platz, an dem wir uns befanden, gab es störende Wasseradern, die keine positive Ausstrahlung hatten und die Umgebung ungünstig beeinflussten. Derer wurden wir jedoch erst gewahr, als wir die Ikosaeder in die Hand nahmen. Wir fühlten eine dunkle, kalte, sich schlängelnde Energie, die sich schmutzig anfühlte, Enge und Starre ausstrahlte. Sie flößte uns Angst ein, die der Furcht vor einer großen schwarzen Schlange oder Spinne glich. Die Ikosaeder zeigten uns den Verlauf der Wasserader, zudem einen Platz, der mit Müll verunreinigt war, sowie einen Ort, an dem Menschen unerwartet und schockartig aus dem Leben gerissen worden waren und an dem einst große Trauer und Leid herrschten. Es war ein alter Kriegsschauplatz des Zweiten Weltkriegs. Nicht weit davon entdeckten wir einen Krater, der wohl durch eine Bombe entstanden war. Zuerst bildeten wir einen Heilkreis, baten die Engel darum, dass an diesem Platz nun Heilung für die Seelen geschehen konnte. Wir berührten sie mit unserer Liebe und Wertschätzung für das, was ihnen widerfahren war. Wir waren schockiert, spürten Angst und Wut über das Geschehene und ließen die Emotionen Schicht für Schicht durch uns hindurchfließen. Ein Kanal zum Himmel öffnete sich, und bereinigendes weißes Licht floss wasserfallartig in diese Dimensionen. Die Ikosaeder drehten sich, lösten die Erstarrung und die unguten Verbindungen an diesem Ort. Wir konnten viele Engel wahrnehmen und, dass die Seelen in eine lichterfüllte Dimension gehen und Heilung finden konnten. Wir tönten an diesem Platz noch eine Zeit lang aus unserer Herzensmitte. Er begann, zu erstrahlen. Zu guter Letzt räumten wir den Müll weg. Es war, als ob die Wasserader sich geöffnet hatte und nun lichtvoll in alle Richtungen floss, um den Boden wieder zu beleben und zu erwecken. Die schwarze, uns mit Angst erfüllende Wasserader konnten wir nicht mehr wahrnehmen. Sie hatte sich aufgelöst. Der Platz fühlte sich befreit, strahlend und weit an. Die Energie zirkulierte wieder.

Oktaeder – Element Luft

Die Anwesenheit einer höheren Kraft,
der Atem des Lebens, hat dich erweckt.
Die Luft, der Wind, trägt dir alles zu,
was du für diesen Augenblick wissen musst.
Du bist geführt, beschützt und getragen
von der Lebensenergie.
Sie atmet dich ein, sie atmet dich aus,
sie gibt und nimmt und durchströmt dich immerzu.

Das Oktaeder ist dem Element Luft zugeordnet. Der Name Oktaeder stammt aus dem Griechischen und bedeutet »Achtflächner«. Das Oktaeder besteht aus:

* 8 gleichseitigen Dreiecken,
* 12 gleich langen Kanten und
* 6 Ecken, in denen jeweils vier Flächen zusammenkommen.

Das Oktaeder ist eine gleichseitige Bipyramide mit quadratischer Grundfläche sowie ein gleichseitiges Antiprisma, d. h. Grund- und Deckfläche des Oktaeders sind gleichgroße Vielecke – in diesem Fall Dreiecke –, die parallel liegen und um einen bestimmten Winkel durch ihren Mittelpunkt verdreht sind. Das Oktaeder weist eine hohe Symmetrie auf, weil alle Kanten, Ecken und Flächen untereinander gleich sind und es von jeder Spitze aus betrachtet gleich aussieht. Zudem ist es ein reguläres Polyeder, d.h. all seine Seitenflächen sind zueinander kongruente regelmäßige Vielecke, und in jeder Ecke stößt die gleiche Anzahl von Kanten zusammen.

Das Oktaeder ist zum Hexaeder polar, was bedeutet, dass das eine so viele Flächen wie das andere Ecken hat und so viele Ecken wie das andere Flächen. Anzahl und Zähligkeit bleiben beim Übergang von der Ecke des einen Körpers zur Fläche des anderen erhalten. Die Winkel des Oktaeders wirken weniger spitz gegenüber denen des Tetraeders. Im Vergleich zum Würfel ist es weniger dazu geeignet, direkt auf dem Boden zu liegen. Hält man es aufrecht in der Hand, scheint es förmlich zu schweben. Es sollte aufrecht, mit einer Spitze nach oben und einer Spitze nach unten, aufgestellt werden, am besten in einem durchsichtigen Gefäß.

Die Ecken des Oktaeders entsprechen den vier Himmelsrichtungen sowie den zusätzlichen Raumrichtungen Oben und Unten. Das Oktaeder unterstützt die menschliche Luftenergie. Es kann von jeder Richtung aus bewegt werden, die Richtung wechseln und bleibt doch als Form immer gleich.

Setzt man auf die Seiten des Oktaeders Tetraeder auf, so entsteht das Sterntetraeder. Aus der Kombination von Oktaeder und Hexaeder können ebenfalls zahlreiche Körper konstruiert werden. Es handelt sich bei solchen Kombinationen um die Verbindung von Geist und Materie. Zuerst ist der Gedanke, die Idee, und daraus erschafft sich die Form.

Das Oktaeder im täglichen Leben

Das Salz Alaun oder das Mineral Fluorit weisen oktaedrische Formen auf. Der oktaedrische Würfel W8 wird in manchen Spielen verwendet. Das Oktaeder fördert und stärkt unsere geistige Energie. Man findet die Pyramide oft nicht in doppelter, sondern in einfacher Form als Dach auf Gebäuden, als Pfeilspitze etc. Das Oktaeder hat eine Pyramide in der sichtbaren und eine in der unsichtbaren Welt, denn jede dicht schwingende Form ist eine Spiegelung der Geistigen Welt.

Als Antiprisma bricht es das Licht in verschiedene Schwingungsbereiche und führt es wieder in die Einheit zurück. Das Oktaeder steht für die Erfahrung des einen Geistes, der sich in unendlich vielen Formen ausdrücken und bewegen kann. Die Spitze verweist in das Einheitsfeld, aus dem alles stammt und in dem alles verbunden ist. Sie leitet die Energie an den vier Seiten nach unten in die Materie und die polaren Strukturen, die aber im Einheitsfeld zusammengehören, ja, sogar eins sind.

Das aufgeklappte Oktaeder

Es gibt verschiedene Arten, das Oktaeder aufzuklappen. So, wie die Luft beweglich ist und spielt, können sich beim Aufklappen des Oktaeders verschiedene Formen bilden.

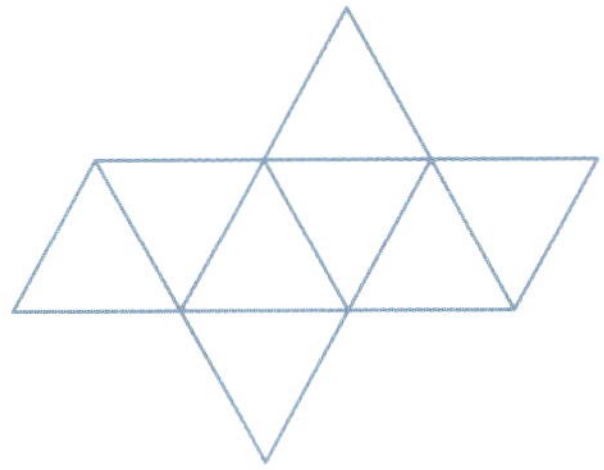

Die Raute

Die Raute ist im Oktaeder enthalten. Sie ist ein uraltes Symbol des Sonne-Mond-Kultes, der Verbindung von Bewusstsein und Unterbewusstsein, von Geist und Intuition, der geistigen Kräfte der materiellen Schöpfung aus frühester Zeit. Sonne und Mond zeichnen beständig das kosmische Muster der Raute an den Himmel. Verfolgen wir den Lauf des Mondes, seine Höhe (Deklination) von Tag zu Tag, halten diese in einem Diagramm fest und verbinden die sich daraus ergebenden Punkte miteinander, ergibt sich das Rautenmuster. Gleiches ergibt sich im Verlauf der Sonne, wenn wir ihren Weg von Monat zu Monat verfolgen. Wir finden Rautenmuster an alten heidnischen Plätzen, auf Wappen, als Wegweiser … Das Muster steht für die bewussten und die verborgenen Verbindungen. Die Raute beschreibt die geistige Beziehung zwischen allen Dingen, zudem symbolisiert sie Zugehörigkeit, geistige Gesinnung und Anbindung an eine universelle Kraft, die alles durchdringt. Sie steht für die Einweihung in das geistige Prinzip.

Die Zahl 8 – Unendlichkeit und Vollendung

Das Oktaeder hat acht Flächen und ist demnach mit der Zahl 8 und damit auch mit dem Unendlichkeitszeichen, der liegenden Acht, verbunden. Die Zahl 8 steht für die Vollendung. Eine Oktave hat acht Tonstufen, unser Chakrasystem hat acht Räder, es gibt acht Jahreskreisfeste, das Schick-

salsrad hat acht Speichen. In der Zahl 8 vollendet sich das siebte Prinzip der Einweihung, und eine neue Stufe des Seins beginnt. Jede Wirklichkeit hat eine parallele Wirklichkeit, aus der Informationen und Weisheit dringen, die uns für immer verändern.

Die Realität hat eine unendliche Natur, die wiederum unendliche Möglichkeiten enthält. Stille, Ruhe und Kraft aus der eigenen Mitte helfen dabei, Ängste und Disharmonien aufzulösen, die Schwingung zu erhöhen oder sie im rechten Maß zu nutzen, um Gleichgewicht herzustellen und sich höheren Dimensionen der Wirklichkeit zu öffnen. Das Oktaeder vereint diese Qualitäten in sich. Es steht auch für die acht Hauptwindrichtungen, aus denen die Kraft kommt.

Die Zahl 12 im Element Luft

Die Zahl 12 steht für das Vollenden und das Schwingen auf einer neuen Oktave. Das Element Luft öffnet für andere Ebenen und Dimensionen. Es bringt Anschluss, Verbindung, neue Kraft, neue Ladung und hilft uns, mit höheren Welten verbunden zu bleiben.

Die Zahl 6 im Element Luft

Die Zahl 6 steht für Verbindung und Vereinigung.

Das Element Luft

Die Luft ist eine heilige Kraft. Sie diente ursprünglich dem segensreichen Austausch von Energie in der gesamten Schöpfung, in der alles auf bewusste und unbewusste Weise in Verbindung steht und sich gegenseitig beeinflusst. Die Luft vereint alles Leben. Sie erneuert, sie trägt, sie erhöht, sie führt uns neben einem Sauerstoff-Stickstoff-Gemisch Lichtenergie (Prana) zu, sie leitet Informationen aller Art über weite Entfernungen und sorgt für einen ständigen Austausch und eine Balance der gesamten Energie. Sie steht für Spannkraft, Fruchtbarkeit, fruchtbaren Austausch, Kommunikation, Einheit, Erneuerung, ewige Jugend und Schönheit. Außerdem enthält sie die feinstoffliche Nahrung, die alles Leben bis in das kleinste Atom versorgt.

Die Luft ist die Trägerin des Großen Geistes, der alles durchweht und durchdringt. Mithilfe des Elementes Luft können Lebensströme lichtvoll, Segen bringend und heilsam gelenkt werden. Visionen und Ideen werden empfangen und können sich durch uns manifestieren. Samen von Pflanzen werden weitergetragen, damit neue Informationen in der Erde verankert werden.

Durch den Fall der Menschheit aus der Einheit fingen die Kräfte der Luft an, sich zu verdichten und zu verdunkeln. Wir verloren unsere Anbindung und erlebten Polarität, Trennung, Einsamkeit, Wertung, Verurteilung, Verdichtung und dunkle, selbst geschaffene Illusionen. Durch unsere Gedanken und Emotionen schaffen wir mitunter dunkle Energiewolken, die uns von unserem wahren Sein trennen. Wenn wir anfangen, wieder achtsam mit dem Element Luft umzugehen, tief und kraftvoll Pranaatmung praktizieren und Lichtübungen machen, werden die dunklen Energiefelder durchlichtet, und wir können nach und nach in die höhere Anbindung mit dem göttlichen Funken in allem treten.

Die Luft steht in Verbindung mit der geistigen Ebene in uns, mit unserer Gedankenkraft sowie dem morphogenetischen Feld und den Kollektivkräften der Menschheit. Kollektive, allen Menschen gemeinsame Gedankenströme können sich durch das Gesetz von Ursache und Wirkung im Kleinen wie im Großen, z. B. atmosphärisch, also auf das Wetter, auf die Umgebung auswirken. Unsere Gedanken bilden dunkle oder lichtdurchflutete Energiefelder, je nachdem, mit welcher Kraft wir sie aufgeladen haben. Wenn wir beginnen, positive und kraftvolle Gedanken und Visionen zu halten, und in einen bewussten, tiefen, rhythmischen Austausch mit dem Element Luft gehen, können wir die Energie fließen lassen, Dinge neu erschaffen und in Klarheit und Anbindung an das Göttliche handeln.

Die Luft in uns

Das hawaiianische »Aloha« bedeutet »der göttliche Atem der Liebe weht durch dich und durch mich«. Von den Kahunas, den Wissenden des alten Hawaiis, werden wir Weißen oft »halo« genannt, was so viel bedeutet wie »ohne Atem«, ohne Anbindung an eine größere geistige Lichtkraft. Jeden Tag werden wir vom Lebensatem durchströmt und versorgt. Ohne Atem kann ein normaler Mensch nicht länger als drei Minuten überleben. Mit dem Atem nehmen wir nicht nur ein Sauerstoff-Stickstoff-Gemisch auf, sondern auch Lichtenergie, Prana, Lebenskraft. Wir haben oft verlernt, richtig zu atmen und uns so viel zu nehmen, wie wir brauchen, damit auch unser Lichtkörper versorgt wird. Früher haben wir über das Kronenchakra Lichtenergie in die Pranaröhre geatmet und den ganzen Lichtkörper damit erfüllt. Wenn wir zur Pranaatmung zurückkehren, können wir uns einer neuen Art der Wahrnehmung öffnen. Wir werden zum Beobachter, zum Schöpfer und zum Gestalter unserer Lebensumstände. Wir lassen zu, dass das Göttliche uns versorgt und uns in jeder Sekunde unseres Lebens trägt. Wir handeln aus der inneren Anbindung heraus, statt nur auf unsere Umgebung zu reagieren.

Wenn wir hingegen nur notdürftig durch Mund oder Nase atmen, atmen wir in die Polarität, werten, beurteilen, fühlen uns getrennt und nicht richtig versorgt. Wir meinen, wir müssten Energie und Aufmerksamkeit aus unserer Umgebung erhalten, um da sein zu können.

Wir haben verschiedene stoffliche und feinstoffliche Körperöffnungen, durch die Energie herein- und hinausfließt. Energien durchdringen und umwehen uns. Winde wehen auch durch unseren Bauch, um uns bei der Verdauung zu helfen und alte, für unser System nicht verwertbare Nahrung auszustoßen. Mithilfe des Atmens, mithilfe der Luft, können wir uns ganz neuen Erfahrungen und Horizonten öffnen und uns mit anderen Dimensionen und Welten verbinden. Wir erkennen die Grenzenlosigkeit, die Freiheit, die Weite, das Ewige innerhalb eines begrenzten Seins. Wir erwachen in unser Sein.

»Achte auf deine Gedanken, denn sie werden zu deinen Worte.
Achte auf deine Worte, denn sie werden zu deinen Taten.
Achte auf deine Taten, denn sie werden zu deinem Charakter.
Achte auf deinen Charakter, denn er wird zu deinem Schicksal.«
Aus dem Talmud

Die rituelle Zerstückelung – Einweihung in das Element Luft

Die Einweihung in das geistige Prinzip und in das Luftelement ist die rituelle Zerstückelung. Der Körper wird auf der geistigen Ebene zerteilt, gereinigt und wieder zusammengesetzt. Der Mensch erkennt dadurch, dass er nicht der Körper, sondern reiner Geist ist und auch ohne Körper weiterexistiert. Er begreift, dass alles eins ist und dass er alles ist. Es gibt keine Trennung. Der in das Element Luft Uneingeweihte urteilt, wertet, spaltet und schafft Trennung. Der in das Element Luft Eingeweihte schlägt Brücken, verbindet, wertet und urteilt nicht und fügt zusammen, denn er erkennt das Selbst im anderen. Er weiß, dass in der Stille alles eins ist. Er weiß, dass Worte Schöpferkräfte beinhalten, und wählt diese weise und mit Bedacht zu seinem eigenen Wohle und zum Wohle, Segen und Heil aller.

Die erste Stufe der Manifestation – die Gedanken

Das Oktaeder bringt uns mit dem Geist und den geistigen Gesetzmäßigkeiten in Verbindung: Je nachdem, wie wir die Energie lenken und leiten, wird sie das erschaffen oder in unser Leben ziehen, wozu sie ausgesandt ist.

* Was wir säen, werden wir ernten.
* Was wir aussenden, kehrt zu uns zurück.
* Wie oben, so unten – wie im Himmel, so auf Erden.
* Wie innen, so außen.
* Mikrokosmos ist gleich Makrokosmos.

Die Luftbewegungen

Das Oktaeder beinhaltet sieben Richtungen bzw. vier Hauptrichtungen. Auf vier Säulen baut sich das Universum auf, vier Kräfte schaffen die Grundlage etc. Es kann sich in jede Richtung bewegen und drehen.

Es gibt vier Haupthimmelsrichtungen: Norden, Osten, Süden und Westen. Je nachdem, aus welcher dieser Richtungen der Wind bläst, kann er verschiedene Bedeutungen haben. Wer den Wind, die ewige Energie, als Verbündeten hat, geht niemals verloren. Die Frage, an welchem Punkt wir in unserer Entwicklung stehen und was wir tun sollen, kann sofort durch den Wind beantwortet werden.

Die Schamanen sagen:
Fühle den Wind, so wirst du wissen, was zu tun ist,
wenn du dich ängstlich oder verloren fühlst.
Der Wind leitet dich in jeder Situation, egal, wo du dich gerade befindest.
Verbinde dich mit ihm, und er wird dir zuwehen,
was du in diesem Augenblick brauchst und wissen solltest.
Du gehst niemals verloren, wenn du dich verbindest mit dem,
was gerade ist.

Es gibt acht Windrichtungen, die zu 16 verfeinert werden können (acht Flächen weist auch das Oktaeder auf). Die acht Hauptwindrichtungen sind: Nord (N), Nordost (NO), Ost (O), Südost (SO), Süd (S), Südwest (SW), West (W) und Nordwest (NW).

Winde schaffen einen Ausgleich, sie sind die Folge von Luftdruckunterschieden in verschiedenen Luftmassen. Die Luftteilchen fließen aus Hochdruckgebieten in Tiefdruckgebiete, bis der Luftdruck ausgeglichen ist.

Windgeschwindigkeiten werden nach der Beaufort-Skala in Werte von 0 bis 12 unterteilt.

* Windstärke 0 – Windstille
* Windstärke 1 – leiser Zug
* Windstärke 2 – leichte Brise
* Windstärke 3 – schwache Brise
* Windstärke 4 – mäßige Brise
* Windstärke 5 – frische Brise
* Windstärke 6 – starker Wind
* Windstärke 7 – steifer Wind
* Windstärke 8 – stürmischer Wind
* Windstärke 9 – Sturm
* Windstärke 10 – schwerer Sturm
* Windstärke 11 – orkanartiger Sturm
* Windstärke 12 – Orkan

Die Windrose

Die vier Hauptwinde (Nordwind, Westwind, Südwind, Ostwind) weisen verschiedene Qualitäten auf und haben auf dem schamanischen Weg unterschiedliche Kräfte. Du kannst die Segel in deinem Leben so setzen, dass du vom Wind getragen wirst.

Die Reiter auf den vier Winden

Westwind (weiblich, Mutter)

Niedriger Wind, der über die Erde fegt, durch die Bäume streift und uns mit Mutter Erde verbindet, kühl, nach innen führend, Wasser in sich tragend, oft Regen bringend

Wenn der Wind aus Westen (von der Großen Mutter) kommt, bedeutet dies: Blicke in dein Herz, dort findest du Mut und die Antwort auf deine Frage. Besinne dich auf deine Intuition, löse die Situation in dir, und sie wird sich auch im Außen lösen.

Nordwind (die alten Weisen, Ahnen)

Kalter Wind, unbarmherzig, energetisch, kraftvoll, streng und stürmisch

Wenn der Wind von Norden (von den alten Weisen) kommt, schaue nach alten weisen Menschen, den lichtvollen wissenden Ahnen, Lehren oder Weisheitsbüchern. Die Weisheit und neues Wissen werden dich führen.

Südwind (kindlich)

Warmer Wind, Brise, wie ein Streicheln über die Wange, erfrischend, spielerisch

Wenn der Wind aus Süden (vom Kind) kommt, dann weißt du, die Antwort kommt von anderen Menschen. Höre zu, was dir gesagt oder erzählt wird, das große Geheimnis führt und trägt dich. Es wird dir einen Boten schicken, der dich beim nächsten Schritt leitet. Habe Geduld, spiele, und erfreue dich an der Schöpfung.

Ostwind (männlich, Großer Geist)

Hoher Wind, nach oben tragend, weitläufig, frei, hell, frisch, erhebend, weit, schnell, legt große Strecken zurück

Wenn der Wind aus Osten (vom großen Vater) kommt, erhebe deinen Blick, und achte auf deine Eingebungen und Ideen. Du solltest deine Sinne und deinen Verstand nutzen, deiner Intuition folgen und praktisch handeln, denn dies wird dir Lösungen bringen.

Wenn der Wind ständig wechselt und dreht, solltest du ruhig warten, bis du wieder eine eindeutige Richtung in dir fühlst, in der es für dich weitergehen wird.

Kämpfe nicht gegen den Großen Geist –
sondern lasse dich von ihm durch die Höhen und
Tiefen des Lebens tragen.
Richte das Kleinere am Größeren aus,
und du bist mit einer höheren Führung verbunden.
Achte auf die Zeichen und Botschaften des Windes.
Er wird vom Großen Geist gesandt.

Lasse uralten Kummer los.
Öffne dich neuen Wegen.
Gehe deiner Seele auf den Grund.
Verbinde dich mit dem Atem.
Dies trägt zu deiner Befreiung bei und hilft dir dabei,
dich in ein neues Sein zu entspannen.

Zusammenfassende Zuordnungen zum Oktaeder

Zahlen	4, 6, 8, 12
Vokal	E – der Vokal E kann intoniert werden, um die Schwingung des Oktaeders zu verstärken
Richtung	Osten – Sonnenaufgang
Symbole	Raute, Pyramide, Prisma, Feder, Blüten, Spirale
Farben	Weiß, Gelb, Gold, Grau, (Kobalt-)Blau
Tiere	Vögel, Biene, Libelle
Pflanzen	Birke, Bohnenranke, Windröschen, Löwenzahn
Minerale	Magnetit, Pyrit, Spinell, Fluorit
Plätze	Berggipfel, luftige Plätze, Dünen, Anhöhen, Klippen
Natur	Windhosen, Wirbelstürme, Blütenregen, Böen, Wirbel, Pfeifen, Rauschen
Königreich	Reich der Pflanzen
Instrumente	Flöte, Klangspiele, Glocke
Qualitäten	leicht, positiv, elektrisch, leitend, weitertragend
Sternzeichen	Wassermann, Zwillinge, Waage
menschliche Ebene	mentale und geistige Ebene (Welt der Ideen, Visionen und Gedanken), das Wort, der Verstand, die Vernunft, die Logik
Typ	Sanguiniker
physisch	Gehirn, Ohr, Nase, Mund, Atem, Atemwege, Bronchien, Brust, Lunge, Luftröhre, Stimmbänder, Stimme, Kehlkopf, Schilddrüse, Immunsystem, Gleichgewichtssinn, Hohlräume im Körper, Körperöffnungen, kleiner Finger

emotional ausgeschlossen sein, »nicht wissen, woher der Wind weht«, unbeständig, heimatlos, unsichtbar, verbindend, weitertragend, vermittelnd, wissend, erkennend, aufnehmend und abgebend, erfrischend, heiter; Feinfühligkeit, Minderwertigkeit, Launenhaftigkeit, Einsamkeit, Haltlosigkeit

energetisch verbindend, vermittelnd, verbreitend, fruchtbar machend; Kommunikation, Ausdruck, Klang

geistig empfangend und sendend, andere Dimensionen und Ebenen verbindend, Zugänge herstellend; Eindruck, Ausdruck, Austausch, Wahrnehmung, Lehren, Engelebene

spirituell tönen, singen, spielen; Bewusstsein, Erkenntnis, Weisheit, Erleuchtung, Stille

kollektiv morphogenetisches Feld, Wetter, Stimmungen, Manipulation, Beeinflussung

Engel Erzengel Jophiel, Elohim Claire und Astrea

Meister Buddha, Kuthumi, Laotse

Naturgeister Sylphen, Feen, Elfen

weitere Zuordnungen wehend, spielend, wechselnd; Weite

positive Qualitäten vermittelnd, überbringend, verbindend, unterhaltsam, optimistisch, charismatisch, ansteckend, inspirierend; Freiheit, neue Horizonte, Ideen, Visionen, Höheres Selbst, Musik, Klang, Laute, Wort, Kommunikation, Erkenntnis, Verbindung, Konzentration geistiger Energie, Leichtigkeit, Freude, Spaß und Spiel, Diplomatie, Redegewandtheit, Frische, neue Richtungen, Klärung, Bereinigung, Erneuerung, Energetisierung

negative Qualitäten unbeständig, unzuverlässig, launisch, ungenau, kritisch, zaudernd, keine Position beziehend, unruhig, aufgewühlt, nicht bei sich sein; Leichtsinn, Klatsch und Tratsch, Verrat, Angeberei, Verfälschung von Informationen, keine Bodenhaftung

Heilung und Stärkung des Luftelements singen, tönen, musizieren, mit Klängen harmonisieren, sein Lebenslied finden, geistige und irdische Lehren lernen, erfahren, sich ihnen öffnen, sie weiten, atmen, verbinden; Pranaatmung, Rebirthing, Räucherung, Licht- und Energiearbeit, Visionssuche, Bewegung, Veränderung, Bewusstsein, Erleuchtung, Klarheit, Stille, Einkehr, Konzentration, Ausrichtung, positives Denken, Affirmationen, Mantras, Weisheitslehren, Weisheitsbücher, Stilleübungen, Atemübungen, Meditation, Lichtdienste und Lichtarbeit, neue segensvolle Informationen in das morphogenetische Feld speisen, Auflösung von dunklen Schwingungsfeldern, Ausgleich und Bereinigung, Veränderung der Sichtweise, Befreiung des Geistes, ganzheitliche Sicht, neue Möglichkeiten, eigener Anschluss an die Quelle, Verbundenheit

Themen des Luftelements channeln, Verbindungen lösen und neu knüpfen; Glaubenssätze, Glaubensmuster, Überzeugungen, Vorurteile, Bewertungen, Visionen, Ideen, Übermittlungen aus dem Geistigen Reich, neue Erfindungen, Neuordnung, Reinigung, Elementalauflösung, Wetter, Atmosphäre, Fruchtbarkeit, Kollektivfelder, morphogenetisches Feld, Telepathie, Kommunikation, Übersetzung, Vermittlung

zu viel Luft bläst sich auf, gibt an, hört nicht zu, wehrt ab, nimmt nicht an, haltlos, lebt in anderen Welten, abwesend, nicht erreichbar, nimmt viel auf, überlastet, überfordert, beweglich, dauernd unterwegs, kann Ideen und Visionen nicht auf die Erde bringen, träumt viel; Dauerredner, ständiger Selbstausdruck, Selbstüberschätzung, starke Unruhe

zu wenig Luft dumpf, unbeweglich, starr, festgefahren, ideenlos, steckt fest in alten Weltbildern und Überzeugungen, nicht offen für neue Wege oder die geistige Führung, stumm, zurückgezogen, lässt zu viel in sich hinein, nimmt auf, aber gibt nicht ab; Mangeldenken, Mangelgefühle

ausbalancierte Luft: kann gut moderieren, lenken und leiten, kann Ideen und Visionen umsetzen, erschafft sein Leben neu, kreativ, freudig, inspirierend, leicht, bringt seiner Umgebung Frucht und Segen, kann Energie gut und segensreich verteilen; Ausgleich, Balance, Mitte, schnelle Auffassung und Umsetzung, Organisationstalent, gesunde Grenzen

Die praktische Arbeit mit dem Oktaeder

Die Lösung für ein Problem kann nicht auf der Ebene gefunden werden, auf der es entstanden ist. Wir müssen andere Ebenen und Dimensionen hinzuziehen, um die richtige Antwort auf unsere Frage zu erhalten.

* Ausgleich
* innere Ruhe, Stille, Gelassenheit
* Energieerhöhung
* neue Horizonte
* andere Ebenen und Dimensionen
* Anbindung an das Selbst
* Bewegung
* Lösen von Blockaden und festgefahrenen Mustern
* Aufstieg, Aufladung, Verjüngung
* Vision, Vorstellung, Idee
* Zugang zur geistigen Energie und zu anderen Sichtweisen
* Leichtigkeit und Freude
* Klarheit, Kühle, Frische, Erkenntnis
* Energiegewinnung aus der Luft
* Bereinigung alter, verbrauchter und verschmutzter Energie in Räumen und in der Natur
* Energetisierung von Plätzen

Das Oktaeder eignet sich hervorragend zum Erlösen und Löschen alter Schattenthemen, Programmierungen und Muster. Es bringt neue Informationen und kann die Energie enorm erhöhen. Mit ihm können wir das Wetter und Stimmungen beeinflussen, Blockaden und festgefahrene Situationen lockern und löschen, Räumen und Orten neue Energie zuführen, Kollektivfelder reinigen, Balance und Ausgleich schaffen, neue Verbindungen zu anderen lichtvollen Dimensionen knüpfen und Brücken schlagen. Besonders für Übergänge und Initiationen ist es bedeutend.

Das Geschenk der Luft

Stelle dir das Oktaeder in deiner Hand vor, oder nimm es in die Hand. Es ist dein Geist, deine Gedanken, deine Visionen. Nimm wahr, wie sich das Oktaeder anfühlt. Öffne es langsam an einer Seite, und blicke hinein. Was für ein Geschenk, was für eine Botschaft hat die Luft für dich? Nimm das Geschenk der Luft, des Oktaeders, an, und lasse zu, dass es sich in deinem Leben entfaltet.

Installation von Oktaederfeldern – Senden von Informationen

Oktaeder werden installiert, um neue Anschlussmöglichkeiten zu schaffen, die Energie zu erhöhen und sich mit dem Einheitsbewusstsein zu verbinden. Sie reinigen und klären Energiefelder, energetisieren sie und laden sie auf. Sie schaffen Lichtkanäle in andere Dimensionen, um Botschaften herunterleiten zu können oder Seelen auf andere Ebenen zu führen. Durch die Öffnung der Lichtkanäle ist Kommunikation über weite Entfernungen möglich. Oktaeder stärken telepathische Fähigkeiten und ermöglichen Verbindung und Kommunikation auf allen Ebenen.

Wenn wir mit anderen Menschen oder anderen Lebensformen kommunizieren oder in Kontakt treten wollen, ist es günstig, sich ein Oktaeder zur Hand zu nehmen, es zu visualisieren oder auf einem Bild zu betrachten.

Betrachte das Oktaeder. Schließe deine Augen, und stelle es dir vor deinem Geistigen Auge vor. Dann bitte es darum, einen Lichtkanal zu der Ebene zu schaffen, auf der du kommunizieren möchtest. Du kannst durch eine schnelle Drehbewegung einen Lichtkanal von Herz zu Herz oder von deiner Zirbeldrüse (Drittes Auge, spirituelles Zentrum im Menschen, Schaltstelle) zu dem spirituellen Zentrum des anderen (Herz, Zirbeldrüse; zu einem Tier, einer Pflanze, einem Menschen, anderen Lebensformen, einem Platz, anderen Dimensionen und Reichen …) bilden. Es kann sein, dass dieser Lichtkanal in bestimmten Farben leuchtet, er die Farben und Energien wechselt oder geöffnet oder frei gemacht wird, weil er blockiert, gebrochen oder verschlossen ist. Dies kann passieren, wenn Verbindungen abgebrochen oder gewaltsam getrennt wurden. Warte, bis du den Kanal ganz klar und lichtvoll vor deinem inneren Auge siehst und das Gefühl hast, dass er frei ist. (Manchmal kann die Sitzung auch an diesem Punkt enden, weil die Verbindung wieder aufgebaut ist.) Wenn der Kanal offen ist, sende deine Frage, ein deutliches Bild oder deine Botschaft hinein.

In Fernheilungen, in denen du die Erlaubnis eines anderen erhalten hast, über die Ferne mit ihm zu arbeiten, kannst du Heilenergien, Engel, Liebe oder, was auch immer wohltuend und heilsam ist, hineinsenden. Lasse dich von den Engeln oder deiner inneren Führung anleiten, tue das, was dir übermittelt wird, und zwar so lange, wie es dir übermittelt wird.

Warte ab, bis ein deutliches Bild oder eine deutliche Botschaft dich durch ein Symbol, Worte, Sätze oder telepathische Übermittlungen erreicht. Antworten können auf vielfache Weise kommen. Wenn der Kanal klar und lichtvoll ist und die Energie frei fließen kann, kannst du gewiss sein, dass die Form, die du gerufen hast, dir sofort oder in den nächsten drei Tagen deutlich antworten wird – über Zeichen, Botschaften oder Träume.

Unbewusst erschaffst du durch das Wiederholen von Sätzen solche Lichtkanäle und leitest dadurch die entsprechende Energie in dein Leben. Verbindungen können auf die gleiche Weise sanft gelöst werden, im Einklang mit den höheren Ebenen, wenn sie nicht mehr der Liebe und dem Wachstum dienen.

An Plätzen kann das Oktaeder dazu verwendet werden, dort neue Energien zu installieren für Heilung, Verbindung und Austausch. Oft wird das Oktaeder auch dazu genutzt, Lichtkanäle in andere Ebenen zu öffnen, um verstorbene Seelen, die auf der Erdenebene festhängen, in andere Dimensionen zu führen, damit sie Heilung erfahren und der Platz frei wird für Neues.

Lasse das Oktaeder in der Vorstellung zwischen den Fingern rotieren. Es kann sich dabei sehr schnell wie ein Kreisel bewegen und fast unsichtbar werden. Je nach Rotationsgeschwindigkeit kann es viel Lichtenergie anziehen oder heruntertransformieren. Seine Form wird als Holon zum Aufstieg verwendet, weil mit ihm die Energie enorm erhöht werden kann.

Meditation mit dem Oktaeder

Wende deinen Blick himmelwärts,
tauche ein in das Blau,
schwebe auf den Wolken über den Himmel dahin,
und fühle die großartige Freiheit und Weite des Geistes.
Alles ist möglich.

Stelle dich aufrecht hin. Führe deine Hände über dem Kopf zusammen, und spüre, wie Links und Rechts, Männlich und Weiblich in der Berührung der beiden Handflächen in dir vollkommen und eins werden. Stelle deine Füße eng zusammen. Dein Oktaeder hat seine obere Spitze an deinen Fingerspitzen, und die andere Spitze geht unter den Füßen in die Erde hinein. Stelle dir vor, du stündest in deinem Oktaeder, ein Oktaeder wäre um dich herum.

Die obere Spitze verbindet dich mit dem Geist, Vater Sonne, und die untere Spitze reicht in die Erde, Mutter Erde. Du bist verbunden mit Himmel und Erde. Lasse nun das Oktaeder in deiner Vorstellung um dich kreisen. Lasse es immer schneller werden. Es rotiert um dich wie ein Kreisel. In dir sind Stille, Weite, Frieden und Anbindung. Du stehst im Zentrum eines Wirbelwindes. Du spürst, wie alle Energie, die nicht zu dir gehört, aus deinem Energiefeld geschleudert wird und wie dein Energiefeld leichter, freier, klarer und heller wird. Du spürst, wie du dich ausdehnst.

Nun lenke deine Aufmerksamkeit auf deine Atmung. Beobachte zuerst deinen Atem, ohne einzugreifen, ohne etwas zu verändern:

* Wie tief atmest du?
* Wie schnell oder langsam fließt die Luft?
* Sind Ausatmen und Einatmen gleich lang?

Nimm deinen Atem einfach wahr, ohne zu bewerten. Stelle dir nun vor, wie das Licht und die Energie durch die Spitze deines Oktaeders mit dem Atem in deinen Lichtkörper hineinströmen. Halte sie in deiner Mitte (etwa 8 cm unter dem Bauchnabel), und lasse sie dann in die Erde strömen. Atme nun die Kraft der Erde über die Füße in die Pranaröhre, die deine Wirbelsäule entlangläuft. Halte sie in Bauchnabelhöhe, und atme zum Kronenchakra aus. Lasse auf diese Weise den Atem ein paarmal hin- und herströmen. Schaue, ob sich die Drehung deines Oktaeders verändert. Spüre, wie du immer mehr du selbst wirst.

Nimm nun die Arme herunter, und lasse sie locker baumeln. Du spürst dabei weiterhin die Spitze deines Oktaeders. Lasse dich nun mit deinem Oktaeder in eine Situation hineinführen, die gelockert, geöffnet oder geweitet werden möchte. Stelle dir vor, wie goldene und kristallweiße Energie in die Angelegenheit hineinströmt, wie diese sich lockert, wie die Energie sich klärt und erhöht und wie der Segen uneingeschränkt in diese Situation fließen kann. (Manchmal wirkt das Oktaeder dabei wie eine »Bohrmaschine«, die alte und starre Muster aufbricht und löst und die Energie wieder zum Fließen bringt.)

Wenn die Energie wieder fließt, leicht, klar und goldschimmernd leuchtet, dann weißt du, es ist getan. Lasse das Oktaeder wieder ganz ruhig werden, und steige aus der Figur heraus.

Erfahrungen mit dem Oktaeder

Das Oktaeder – Bericht 1

Ich nahm das Oktaeder in meine Hand. Es begann, kobaltfarben zu schimmern. Gleichzeitig nahm ich in dem Blau Aspekte von weißem Licht wahr. Das Oktaeder leuchtete äußerlich blau und innerlich weiß. Das weiße Licht steht für die Verbindung mit Gott, mit dem Einheitsbewusstsein. Es symbolisiert die Freiheit des Geistes. Kobaltblau steht für innere Klarheit, die Gedankenrichtungen des Geistes und das Wirken des Luftelementes in uns. Luft und Äther sind miteinander verbunden und durchdringen einander. Wenn die beiden Linien der Körper Oktaeder (Luft) und Dodekaeder (Äther) zusammenfinden, entsteht die Farbe Gold. Gold hat eine sehr hohe Heilungsfrequenz. Ich wende sie an, wenn ein Mensch schwer krank ist. Gold kann umhüllen. Ich sende sie durch das Oktaeder in Situationen hinein, damit diese sich Segen bringend wenden.

Das Oktaeder – Bericht 2

Das Oktaeder ist ein Element der Verwandlung und leuchtet in der Farbe Kobaltblau. Es bringt mir Freude, Leichtigkeit und viele Glücksgefühle. Ich nehme Töne und Farben wahr, wenn ich mit ihm wirke. Es ist, als erhöbe ich mich auf einem Teppich in die Luft. Vieles kommt zum Vorschein, aber die Schwere in mir verschwindet, und alles wird ganz leicht. Luft bringt Zuversicht und Vertrauen.

Das Oktaeder – Bericht 3

Das Oktaeder hilft mir dabei, konzentriert zu bleiben. Es macht mich leicht, geht in das Gehirn und löst Gedankenstrukturen auf, die mich schwermütig machen und mich an meinem Wert zweifeln lassen.

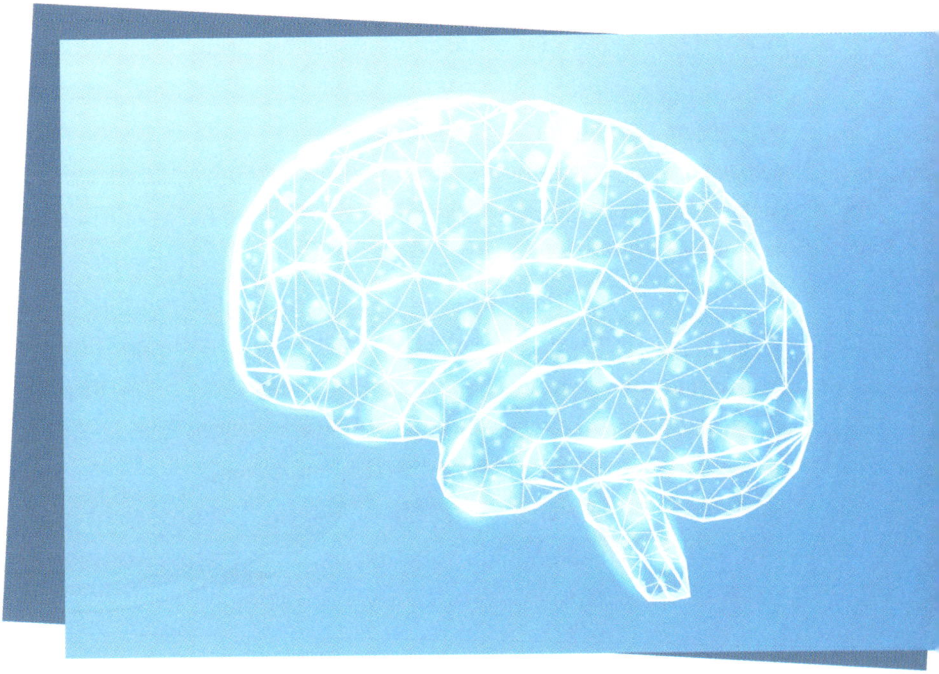

Das Oktaeder – Bericht 4

Ich nehme das Oktaeder als Geistkörper ganz besonders im Gehirn wahr, ganz stark auch in allen Körperhohlräumen. Völlig neue Ideen kommen mir in den Sinn, Dinge, an die ich noch nie gedacht habe, Visionen, die ich bisher noch nicht zugelassen habe. Ich habe das Gefühl, als öffne sich ein ganz weiter Raum. Alles wird leichter. Ich spüre das Einströmen des Atems, aber nicht nur des einfachen Atems, sondern des bewussten Lebensatems. Ich werde mir bewusst, dass ich den Atem lenke. Ich kann in die linke Hand, in den rechten Fuß atmen, ich kann den Atem auch in die Gefühlsfelder lenken, um sie zu klären und zu reinigen. Ich merke, dass ich meinen Atem oft gar nicht zielgerichtet anwende. Ich fühle mich wie eine Flöte, die harmonische Klänge in disharmonische Bereiche lenkt und dadurch Harmonie erzeugt. Ich höre alle unausgesprochenen Worte und den inneren Dialog in mir. Die Botschaften, auch die nicht ausgesprochenen, kommen an. Sie werden auf der inneren Ebene an mich weitergeleitet.

Das Oktaeder – Bericht 5

Wir befanden uns in der Gruppe auf einer Anhöhe und blickten auf die schmutzige Dunstglocke über Frankfurt am Main. Wir schlossen unsere Augen, verbanden uns mit unserer höheren Führung und baten um Reinigung der angesammelten dunklen Energie in der Luft. Es erschienen Formen des Oktaeders. Sie begannen, sich zu drehen und umherzuwirbeln, und begaben sich direkt in das dunkle Energiefeld hinein. Wie Bohrer öffneten sie die dunkle Energie und leiteten aus dem Kosmos lichtvolle Energie in das Feld. Wir merkten, wie wir als Gruppe begannen, rhythmisch und tief zu atmen. Manche von uns tönten, um das Luftelement zu verstärken. Die dunklen Felder wurden immer heller. Es war, als löse sich nach und nach die ganze angesammelte dunkle Energie auf. Wir öffneten nach einiger Zeit die Augen und staunten über das, was sich uns darbot. Es war keine Dunstglocke mehr zu sehen, und der Himmel war strahlend blau. Wir fühlten uns leicht und glücklich. Es war, als ob auch alle dunkle Substanz in uns aufgelöst worden war. Wir hatten das Bedürfnis, gemeinsam noch etwas zu singen.

Das Oktaeder – Bericht 6

Bei Raumreinigungen habe ich die Erfahrung gemacht, dass das Oktaeder alles klärt und reinigt. Durch Tönen und Atmen kann man die Energie lenken und leiten. Es ist ein mächtiges Werkzeug.

Das Oktaeder – Bericht 7

Bei einer Hausreinigung stellte ich fest, dass in dem Gebäude ein Verstorbener wohnte. Mir wurde bestätigt, dass es in dem Haus ab und zu spukte und hin und wieder ein Streit aus dem Nichts entbrannte. Ich stellte zwei Stühle einander gegenüber und setzte mich auf den einen. Dann visualisierte ich das Oktaeder und wartete, bis sich ein Kanal zwischen mir und dem »Geist« aufgebaut hatte. Ich fragte ihn nach seinem Namen, warum er da sei und was er bräuchte, damit er Frieden finden könne. Er gab mir genaue Auskunft. Ich sah Wut, roch Alkohol und fühlte Verzweiflung und Einsamkeit. Ich bat die

Engel hinzu, und wir klärten die Situation mittels telepathischer Kommunikation. Dann öffnete sich durch das Oktaeder ein weiterer Lichtkanal. Engel stiegen herab und nahmen die verstorbene Seele mit. Ich sah, wie der Mann seine Frau wieder traf, die er so lange gesucht hatte. Der Kanal verschloss sich, und die Energie in dem Haus klärte sich. Seit dieser Zeit ist der Spuk vorbei, und das Haus konnte neu belebt und gestaltet werden. Frieden kehrte nach der Hausreinigung ein, und gute Gespräche zwischen den Bewohnern waren wieder möglich. Die Existenz des »Geistes« konnte durch den Namen, den er mir genannt hatte, bestätigt werden. Er war im Grundbuch des Hauses eingetragen.

Dodekaeder – Element Äther

Das fünfte Element
– das Element aus Licht und Liebe –
wohnt in unserem Herzen.
Es ist das göttliche Atom, der Kern, das Kernwesen,
und es sieht aus wie das Dodekaeder –
vollkommen, mit vielen Kammern und Räumen,
leuchtend, in alle Richtungen strahlend,
gefüllt mit der Kraft des Lichtes und der Liebe.
Es öffnet sich wie zwei Blüten –
verbindet Innen und Außen,
eröffnet unendlich viele Möglichkeiten.
Alles ist eins – wir wählen die Erfahrung in einer Schöpfung,
die vollkommen ist.
ICH BIN – DAS ICH-BIN erstrahlt aus diesem Raum.
Ewiges Sein – öffne dich der Göttlichkeit in dir
und in allem, was dir begegnet.

Das Dodekaeder ist dem Element Äther zugeordnet und gilt als der vollkommenste platonische Körper. Sein Name stammt aus dem Griechischen und bedeutet »Zwölfflächner«. Das Dodekaeder besteht aus:

* 12 gleichseitigen Fünfecken,
* 20 Ecken und
* 30 Kanten.

Seine Seitenflächen sind Fünfecke (Pentagone), die dem Goldenen Schnitt entsprechen. In der Schule des Pythagoras war es nicht gestattet, über diesen heiligen Körper zu sprechen.

Das Dodekaeder im täglichen Leben

Das Dodekaeder finden wir in der Natur in verschiedenen Mineralien und Steinen. Ganz natürlich wächst z. B. der Granat in der Form eines Dodekaeders. Bestimmte andere chemische Strukturen weisen sie ebenfalls auf. Zudem wird die Form in der modernen Technik verwendet. Und auch das Christusgitter, das um die Erde herum existiert, soll die Form eines Dodekaeders haben. Am bekanntesten sind die Flächen im täglichen Leben aber vermutlich auf dem Fußball.

Die Zahl 12

Das Dodekaeder hat zwölf Flächen. Die Zahl 12 hat in vielen Kulturen eine jahrtausendealte Bedeutung: Die Einteilung eines Kreises in 360 Grad geht auf die Zahl 12 zurück. Ein Sonnenjahr beinhaltet zwölf Mondzyklen, was zur Einteilung des Jahres in zwölf Monate geführt hat. Bis heute ist der Tag in zweimal zwölf Stunden gegliedert. Es gibt zwölf Tierkreiszeichen, ebenso zwölf Jünger Jesu. Die 12 steht für das Vollständiggewordene, für Erlösung, für Glück und die Grundlage aller Dinge. Sie ist eine kosmische Zahl in Babylon wie in China. Sie steht für die Vollendung und die Öffnung weiterer Oktaven. Unser Herzchakra besteht aus zwölf Blütenblättern. Im Hinduismus wird es »Anahata Chakra« genannt. Wenn wir unser Herz öffnen, ist es, als erblühe eine Blume in ihm und verströme ihren wundervollen Duft.

Die Zahl 5

Die Zahl 5, das Fünfeck und das Pentagramm gehören zu den formbestimmenden Prinzipien der belebten organischen Natur. Die menschliche Hand hat fünf Finger, der Fuß hat fünf Zehen. Viele Blüten wie Kirsch- oder Hahnenfußblüten sind Fünfsterne. Die Zahl 5 steht für den Atem und die Lunge. Deren Thema ist »Vertrauen in das Leben«. Die 5 ist der Wissenschaft und der Religion zugeordnet und die Grundlage der Entfaltung. Es gibt fünf Elemente (Erde, Wasser, Feuer, Luft und Äther) und fünf Hauptrichtungen (Osten, Süden, Westen, Norden und Mitte).

Die fünfte Kammer im Herzen – der Samen der Göttlichkeit in uns

Den alten alchemistischen Eingeweihten, der Wissenschaft und der Medizin ist die fünfte Kammer im Herzen schon lange bekannt. Dr. Otoman Zar Adusht Hanish, ein amerikanischer Arzt, verkündete 1920, dass er das göttliche Atom entdeckt hatte. Er stellte fest, dass unser Herz eine fünfte Kammer besitzt, in der es sich befindet. Diese Kammer ist eine luftleere Zelle, bildet also ein vollkommenes Vakuum. Hanish lichtete diese Zelle mit einer Mikroskop-Kamera ab, vergrößerte die Bilder um das Einmillionenfache und machte das göttliche Atom dadurch sichtbar. Es zeigte sich als eine erwachsene (»mature«), geschlechtslose menschliche Gestalt in dennoch vollkommener Jugendlichkeit. Diese Gestalt ist immer dieselbe, immer ist sie erwachsen und zugleich jugendlich, und sie existiert in jedem menschlichen Herz, sowohl in dem eines alten Menschen als auch in dem eines Kindes. Sie ist und bleibt frei von allen menschlichen Eigenschaften. Die Gestalt steht aufrecht, ohne die Zellwände irgendwo zu berühren.

In der Christusflamme im Herzen eines jeden Menschen befindet sich das vollkommene Bild, das Ebenbild des Schöpfers. Dieses ist das göttliche Muster, genau so, wie Jesus es war. Dieser »Herz-Mensch« ist das aus Gott erscheinende Urbild und dadurch die geformte und formende Bildkraft der menschlichen Lebensgestalt.*

Diese Kammer wird auch »Hot Spot« genannt, denn sie kann eine Temperatur von bis zu 100 °C aufweisen. Sie ist der Sitz unserer Göttlichkeit, die von hier aus über das Kronenchakra verläuft und dauerhaft mit der Urquelle selbst verbunden ist. Manchmal fühlen Menschen diese Stelle, wenn sie tiefe und vor allem echte Liebe für ein anderes Wesen empfinden. Dann weitet sich der Bereich, und es entsteht ein emotional und körperlich spürbares warmes Gefühl, das das Herzzentrum erweitert.

Wir alle tragen die Kraft des Schöpfers, die Schöpferkraft, in uns. Sie besteht aus Licht und Liebesenergie und ist die Vereinigung des Männlichen und des Weiblichen, die Verschmelzung der polaren Kräfte in uns. Das ist das Geheimnis des Fünfsterns.

---

* Vgl. Ledergerber, Karl: Mit den Augen des Herzens – Ein neues Denken breitet sich aus. Herder, 1988. S. 103.

Das Pentagramm

Das Pentagramm kann aus einem Fünfeck, aus den Flächen des Dodekaeders, konstruiert werden. Der Begriff leitet sich vom griechischen »pentagrammos« ab, das »mit fünf Linien« bedeutet. Das Pentagramm lässt sich als Zusammensetzung von fünf goldenen Dreiecken denken. Verbindet man die Schnittpunkte im Inneren, entsteht ein weiteres Pentagramm, das auch als »Venusblume« bezeichnet wird. Das Abbild des Pentagramms finden wir in vielen Formen der Natur, so zeichnet die Venus auf ihrer Umlaufbahn um die Sonne ein Pentagramm in den Himmel. Das Pentagramm steht für den fünfzackigen Stern aus Licht (Sonne) und Liebe (Venus). Es symbolisiert Schutz durch eine höhere Macht hier auf Erden. Auch der horizontal aufgeschnittene Apfel enthält in seinem Kerngehäuse einen Fünfstern. Das Pentagramm ist das Symbol für die Große Göttin in vielen ihrer liebenden und fürsorglichen Erscheinungen (Venus, Demeter und der Planet Venus). Die Venusblume – auch Venusstern – steht für die Große Mutter, die Erdmutter. Ihre Analogie findet sich in der fünfblättrigen roten Rose. Da das Pentagramm in einem Zug gemalt werden kann und man mit dem letzten Strich wieder zum Anfang gelangt, steht es für den Kreislauf des Lebens. Es vereint die fünf Urkräfte Feuer, Wasser, Erde, Luft und Äther in sich und gilt deshalb als Symbol für Heilkraft, Gesundheit und Lebensenergie.

Sterne, die wir auf Flaggen (USA, EU …) oder in Symbolen von Unternehmen finden, sind häufig Pentagramme. Auch in Leonardo da Vincis Abbild des Menschen (Proportionsstudie nach Vitruv) verbirgt sich ein Pentagramm. Die Freimaurer verwendeten es als Grundlage für ihre Bauten. Viele Kirchen und Heiligtümer weisen deshalb Fünfsterne auf.

Durch den Fünfstern laden wir die Liebe (Venus) und das Licht (Sonne) des Kosmos dazu ein, in unserem Leben zu wirken. Wir lassen uns vom Strom des Lebens tragen und gewinnen immer mehr Vertrauen in das Leben. Dieser Stern bewirkt einen Bewusstseinswandel in uns und die Anbindung an eine höhere Kraft und kosmische Ordnung, die alle Planeten im ganzen Universum erschaffen hat, sie hält und lenkt.

Wissen führt zur Weisheit – Glaube führt zur Liebe.

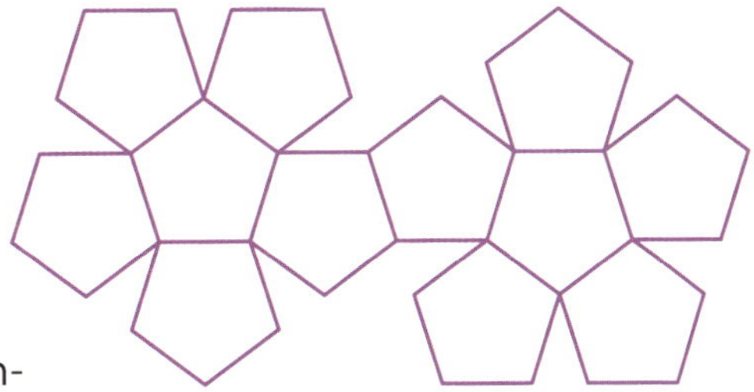

Das aufgeklappte Dodekaeder

Öffnen wir das Dodekaeder, so erhalten wir zwei Venusblumen. Wenn unser Herzzentrum sich öffnet, wird dies als eine weit geöffnete Blume im Herzen wahrgenommen. Viele Meisterinnen und Meister, Göttinnen und Götter (Lakshmi, Vishnu, Krishna, Buddha …) werden in einer solchen Blüte dargestellt. Sie steht für die Weisheit und die Kraft des Göttlichen in uns.

Das Dodekaeder hilft uns dabei, unser Herz zu öffnen und das Vertrauen darin zu entwickeln, dass wir von einer höheren Macht geführt und getragen werden.

Das Element Äther

In der Stille entdeckst du den Ursprung aller Dinge.

Äther ist das göttliche Licht, Prana, Chi, Tao. Es ist die feine lichtvolle Substanz, die aus dem unendlichen Raum durch alles strömt. Neben der Luft gibt es eine ätherische Luft, neben dem Wasser ein ätherisches Wasser, neben dem Feuer ein ätherisches Feuer und neben der Erde eine ätherische Erde. Jede sichtbare Form ist von unsichtbaren Energien und feinstofflichen Mustern durchdrungen. Die ätherische Form der Elemente bildet die Blaupause, die Urmatrix, nach der alles Leben aufgebaut ist. Der unvollkommene Abdruck der vollkommenen Lichtreiche, die auf höheren Ebenen immer existieren werden, sind die astralen Welten. Es gibt viele geschaffene Ebenen und Dimensionen.

Auch wenn wir die reine Form des Seins im Leben noch nicht erfahren, so ist die vollkommene Form aller Dinge doch immer vorhanden und wird immer vorhanden sein. Wenn wir zu unserem wahren Ursprung zurückkehren, können wir durch unsere Schöpferkräfte die wahre Form in allem wiedererkennen und so das Paradies auf Erden erleben. In der ätherischen Welt sind Licht, Klang, Farbe, Duft und Form zu Hause. Die ursprüngliche Sprache des Lichtes, die alles verbindet, strömt aus diesen Reichen. Erwacht unser Licht, so antwortet das universelle Licht der Weisheit, und wir haben Zugang zu allem Wissen und zur Weisheit dieser Erde.

Alles ist eine Spiegelung der Schöpfung.
Die Schöpfung ist bereits vollkommen.
Wir müssen es nur erkennen.

Die Erleuchtung – Einweihung in das Element Äther

Die Einweihung in die Ätherwelt ist die Auferstehung, der Aufstieg, die Selbstverwirklichung und die Erleuchtung. Der menschliche Geist vereint sich mit dem universellen Geist. Der Eingeweihte erkennt den Kern der Liebe und das ewige Bewusstsein in allen Dingen und blickt aus der Einheit auf alles, was ist. Für den Uneingeweihten gibt es Licht und Schatten. Er pendelt zwischen den Welten.

Zusammenfassende Zuordnungen zum Dodekaeder

Zahlen	5, 12
Vokal	A – A ist der Herzton und kann intoniert werden, um die Schwingung des Dodekaeders zu verstärken
Richtungen	alle, Zentrum
Symbole	Pentagramm, Ei, Lotos, Rose, Blüte
Farben	Gold, Diamant, Perlmutt; opaleszent, kristallin
Tiere	Einhorn, Pegasus, Drachen, Phönix, Garuda, Greif
Pflanzen	Lilie, Rose, Lotos, Edelweiß
Minerale	Diamant, Kristall, Gold
Plätze	Orte, an denen ein Reich in ein anderes übergeht, zauberhafte Orte wie Waldlichtungen
Natur	besondere Lichtphänomene, Regenbogen
Königreich	Reich Gottes, Paradies, Haus des Vaters, Heimkehr
Instrumente	Harfe, Muscheltrompete, Kalimba, Trommel, Klangschale, Gong
Qualitäten	liebend, verbindend, heilend, neu erschaffend; holografisches Bewusstsein, ganzheitliche Sicht, Selbst, Christusbewusstsein
menschliche Ebene	Geist, Lichtebene, Licht, Klang, Farbe, Form, Duft, Melodie, Lebenslied
physisch	Drüsen, Zirbeldrüse, siebter Sinn, feinstoffliche Energiebahnen, Pranaröhre, Chakras und Lichtsystem, Lichtkörper
emotional	Leichtigkeit, Freude, Ekstase, Stille, Frieden
energetisch	Verbindung, Heilung, Frieden, Wärme, Herzlichkeit

geistig	Ruhe, Liebe, Freude, Mitgefühl, heilen über Worte und Energie
spirituell	Licht und Liebe
kollektiv	Lichtarbeit, Christusgitter, Verbindung, neue Dimensionen, Toröffnungen
Engel	alle Engel
Meister und Meisterinnen	alle Meister und Meisterinnen
Naturgeister	alle Wesenheiten
positive Qualitäten	hochsensibel, weit, grenzenlos, offen, verbunden, sanftmütig, friedvoll, weise, segnend, mit dem Herzen verstehend; Energie, Licht, Farbe, Klang, Schwingung, feinstoffliche Wahrnehmung, Fernheilung, Lichtarbeit, Einfühlungsvermögen, innere Sicht, Visionen, Schöpfer- und Gestaltungskraft, Erfindungsgabe, Wahrnehmungsgabe, Empfänglichkeit
negative Qualitäten	in anderen Dimensionen lebend, missverstanden, nicht präsent, abgehoben, hochmoralisch, wertend und verurteilend, weltfremd, grenzüberschreitend, unzugänglich, unnahbar, unsichtbar, in sich zurückgezogen, sich in der Welt nicht wiederfinden können, nicht unterscheiden können, reizüberflutet; Illusion, Täuschung, Unsichtbarkeit, Fantasiewelt, Traumwelt, Weltflucht, Manipulation und Machtmissbrauch
Heilung und Stärkung des Äthers	das Höchste durch sich wirken lassen; Lichtarbeit, Energiearbeit, Heilung, Fernheilung, Erdheilung, Meisterlehren, Melodien, Musik, Gesang, Chöre, Tanz, Gruppentänze und Kreis- und Spiraltänze, Gemeinschaftszeremonien für Mensch, Tier und Erde, Gebete, Mantras, Engelheilungen, Meister-Channeling, heilende Symbole, Lichtsprache, spirituelles Sich-Öffnen, Verbindung, Einweihung
Meisterung	Selbstmeisterung, Annahme, Respekt und Achtung vor allem Leben, Liebe zu allem Leben

zu viel Äther	abgehoben, nicht von dieser Welt, überheblich, empfindlich, übermoralisch, bewertend, nicht sichtbar, nicht geerdet, etwas Besseres sein wollen, mit anderen nicht wirklich verbunden, geräuschempfindlich, sich schnell von allem gestört fühlen, nicht balanciert, über den Dingen stehend, nur nach innen und in die Stille gehend, sich entziehend, abwesend; Weltflucht, Abwertung der Materie
zu wenig Äther	nicht verbunden, nur auf das Sichtbare schauend, in sich gefangen, ungläubig, undankbar, abwertend, Dinge nicht anerkennen können, den Segen um sich herum und den Segen des eigenen Lebens nicht erkennen können, um sich selbst kreisend, unzufrieden, zweifelnd, schwer, schwermütig, dunkel, nur an das Sichtbare und Überprüfbare glauben, nicht auf die eigene innere Stimme hören, verschlossenes Herz, die Verbundenheit nicht fühlen, sich getrennt und abgeschnitten fühlen; wenig Selbstliebe und Selbstverbundenheit, Opfer
ausbalancierter Äther	präsent, gegenwärtig, mittig, Dinge durch das eigene Sein auf beste Weise wandeln, heilsam, segnend, mitfühlend, voller Freude, die Kraft des Augenblicks erkennen und nutzen, die Macht von innen, konzentriert, mit allem verbunden, herzlich, bescheiden, dankbar, zwischen den Welten und Ebenen vermitteln, Weisheiten des Herzens und der Liebe ausdrücken, gütig, sanft, friedvoll, weise, wertschätzend, akzeptierend, achtsam; Mitschöpfer am großen Plan, Heiler

Die praktische Arbeit mit dem Dodekaeder

»Das, was außen und innen ist, bist du.
Du bist erhaben, immer und in jeder Lage.
Warum also lässt du dich täuschen?
Und warum irrst du hin und her wie ein Geist?«
Aus der Avadhuta Gita

* Öffnung des spirituellen Bewusstseins
* Verbindung und Verbundenheit
* Energieerhöhung
* Herzöffnung
* Anbindung an das Selbst
* innere Führung
* Stille
* Öffnung feinstofflicher Energiebahnen
* kosmische Anbindung
* Herzensqualitäten
* Ekstase
* heilsame Kommunikation
* Befreiung von Raum und Zeit
* Größe und Gegenwärtigkeit
* Erleuchtung
* Heilenergie, Lebensenergie
* Verjüngung
* Aufbau und Aufladung des Lichtkörpers
* Humor und Lachen
* innerer Raum, innere Weisheit
* Entfaltung des Seelenplans
* telepathische Kommunikation mit allen Lebensformen

Das Dodekaeder dient der Öffnung in das Einheitsbewusstsein, in andere Dimensionen und Ebenen. Es öffnet den spirituellen Körper und hilft, den Lichtkörper aufzubauen und zu aktivieren. Es steht für das Christusbewusstsein und für das Christusgitter, das alles in Frieden und allumfassender Liebe verbindet. Uns Menschen bringt es mit der höheren Natur des Seins und der Liebe zu allem Leben in Kontakt. Es macht uns bereit, der Menschheit zu dienen und am Plan der Schöpfung mitzuwirken, ihre ursprüngliche Vollkommenheit zurückzuerlangen – denn diese ist immer noch in allem. Es hilft uns, unseren Auftrag anzunehmen, unser Licht in die Welt strahlen zu lassen und die Liebe zu leben, die wir sind. Das Dodekaeder schafft die göttliche Verbindung zwischen den Menschen, den Lichtwesen, den Meistern und Meisterinnen sowie den Naturwesen und unterstützt sie, zum höchsten Wohle des Gesamten zu wirken. Das Göttliche wohnt in uns allen. Wir erkennen dies an und arbeiten gemeinsam in liebevoller Verbundenheit am großen Plan.

Aufgrund unserer eigenen Venus-Sonne-Schwingung ist das Dodekaeder ideal dazu geeignet, die Energie an Plätzen zu erhöhen, sie gleichmäßig wie eine Sonne zu verteilen und die Orte wieder aufzuladen. Es hat eine heilsame Wirkung und öffnet den Raum in mehreren Dimensionen, sodass die natürliche Ordnung wiederhergestellt werden kann. Es schützt vor schädlichen Strahlungen kosmischer und irdischer Art und bringt uns zurück in die Mitte, in der wir geschützt und gleichzeitig offen und durchlässig sind. Es kann dazu verwendet werden, schädliche Strahlungen aller Art abzuwehren und einen Schutz von höchster Ebene aufzubauen. Es dient der Herzöffnung und Herzheilung sowie der Verbindung mit allem Leben und der inneren Kommunikation, um alle Dinge miteinander in der »göttlichen Oktave« einzuschwingen und abzugleichen.

Die ewige Flamme leuchtet, funkelt und strahlt in mir.
Ich denke, doch ich bin nicht meine Gedanken.
Wer denkt durch mich?
Ich fühle, doch ich bin nicht meine Gefühle.
Wer fühlt durch mich?
Ich nehme wahr, doch ich bin nicht meine Wahrnehmung.
Wer oder was nimmt durch mich wahr?
Ich öffne mich der Kraft, die alles durchdringt.
Ich lausche der Stimme meines Herzens.
Ich bin das ewige ICH BIN.

Das Geschenk des Äthers

Stelle dir das Dodekaeder in deiner Hand vor, oder nimm es in die Hand. Es steht für dein Bewusstsein, dein Christus-Selbst. Nimm wahr, wie es sich anfühlt. Öffne nun das Dodekaeder langsam an einer Seite, und blicke hinein. Welche Kraft führt dich in deinem Leben? Welches Geschenk erhältst du? Lasse dir Zeit, bis es sich vollkommen zeigt. Nimm das Geschenk des Äthers, des Dodekaeders, in deinem Herzen an, und lasse zu, dass es sich in deinem Leben entfaltet.

Installation von Dodekaederfeldern

Durch das Dodekaeder verbinden wir uns mit dem Meister oder der Meisterin in uns, mit der göttlichen Kraft, die in jedem von uns wohnt. Wir können die Form eines Dodekaeders installieren oder verankern, um Verbundenheit und Vollkommenheit in allem herzustellen, oder auch ein Dodekaedergitter installieren, um Plätze, Orte und Energiefelder zu schützen und doch frei und offen zu halten. Das Dodekaedergitter kann sich in verschiedene Richtungen drehen und sich zu einer vollkommenen Blume öffnen. Wir können mit unserer inneren Führung in Kontakt treten, um zu erfahren, was wir für uns, einen anderen Menschen, das Kollektiv und einen Platz tun können. Das Dodekaeder erhöht die Schwingungsfelder enorm. Es heilt die Herzen und schafft Verbindung und Heilung über höhere Ebenen.

Nimm dir Zeit. Begib dich in die Stille. Nimm das Dodekaeder in die Hand, oder visualisiere es vor deinem inneren Auge. Begib dich in diese heilsame Form hinein. Sie leuchtet in einer bestimmten Farbschwingung, z. B.:

Grün: heilsam, Schmerzen auflösend, regenerierend, beruhigend
Rosa: öffnend, vertrauend
Goldgelb: wissend, antwortend, segnend
Blau: schützend, führend, beruhigend

Fühle deine Seele, den unsterblichen Teil in dir. Sieh, spüre und erfahre deine ewige Flamme, dein Licht, und heile sie von dieser Ebene aus. Verbinde dich über das Dodekaeder mit Christus in dir. Schaue, was er dir rät, sagt oder zeigt.

Oft schließen sich andere Dodekaeder an dein Dodekaeder an, wodurch du auf dieser Ebene Dinge in Frieden bringen und in Liebe bereinigen und klären kannst. In dem anderen Dodekaeder kann sich deine Höherführung befinden, ein Mensch, mit dem du etwas klären möchtest, oder das Wesen eines Ortes, das dir Botschaften übermittelt. Über das Dodekaeder bist du mit allem verbunden. Es kann auch an Stellen wirken, die der Heilung bedürfen.

Öffne dich der Göttlichkeit in dir und in allem, was dir begegnet.

Meditation mit dem Dodekaeder – der heilige Raum

Schaffe dir einen Raum, in dem du eine Zeit lang in Ruhe verweilen kannst. Höre ruhige Musik, und nimm das Dodekaeder in die Hand, oder visualisiere es. Stimme dich auf deine Energie ein. Schließe die Augen. Lege eine Hand auf dein Herz, und spüre die fünfte Kammer darin, deinen heiligen Raum, den Raum deines Selbst. Fühle, wie er sich öffnet und in den unendlichen Raum weitet. Spüre, wie du von diesem Raum aus mit allem sichtbar und verborgen verbunden bist. Liebe kennt keine Grenzen. Sie ist ewig. Fühle die ewige Flamme in deinem Herzen. Sie besteht wiederum aus drei Flammen: Blau, dem göttlichen Schutz, Gold, der Weisheit und dem Wissen, das in deinem Herzen wohnt, und Rosa, der Liebe und dem Mitgefühl für alles Leben, das dich durchdringt und umgibt. Alles ist bereits in dir.

Bitte nun deinen Meister oder deine Meisterin in diesen Raum. Du kannst ihm oder ihr Fragen stellen, einfach bei ihm oder ihr sitzen oder dir zeigen lassen, was jetzt für dich wichtig ist. Lausche der Botschaft. Bedanke dich für das, was du erfahren durftest. Verneige dich vor deinem Selbst, und versprich dir, stärker auf die Stimme deines Herzens zu hören. Fühle den Segen und die Liebe von Vater Sonne und Mutter Erde. Du bist das göttliche Kind, du wirst geführt und bist geschützt, wenn du aus dieser Anbindung heraus den Weg auf Erden wandelst. Frage dich bei allem, was du tust: »Wie würde Christus in mir jetzt handeln?«

Erfahrungen mit dem Dodekaeder

Das Dodekaeder – Bericht 1

Das Dodekaeder öffnete mein Kronenchakra und verband mich mit dem heilenden, allumfassenden Bewusstsein. Ich begann, zu tönen, und sah alle Farben aus dem Dodekaeder strömen. Die Tore zu den Engelreichen wurden geöffnet. Ich fühlte, dass ich in eine höhere Schwingung, auf eine andere Ebene getragen wurde. Das Dodekaeder verband die Synapsen, die als Lichtimpulse im Körper sind, miteinander und versorgte meinen Lichtkörper. Es öffnete mich für höhere Bereiche. Die Energie, die aus dem Einheitsbewusstsein herabströmte, reinigte niedrig schwingende Frequenzen. Es ist gut und wirkungsvoll, mit dem Dodekaeder in einer Gemeinschaft zu arbeiten.

Das Dodekaeder – Bericht 2

Ich nahm zuerst ein schillerndes Licht im Kronenchakra wahr, das alle Spektralfarben enthielt. Es strömte in mich, in mein ganzes System hinein. Es floss in alle Körper und Bereiche, in die Seele, in das Herz, in den emotionalen und den energetischen Körper. Es reinigte und klärte meine feinstofflichen Energiebahnen und öffnete die Kanäle zu einem höheren Bewusstsein. Ich erhielt Botschaften, Weisheiten und Erkenntnisse aus den hoch schwingenden Meisterebenen. Ich hatte das Gefühl, im Traum weiter unterrichtet zu werden.

Das Dodekaeder – Bericht 3

Das Dodekaeder öffnete das Herz Christi. Zeitlinien und Dimensionen wurden miteinander verbunden. Ich fühlte mich eins mit dem Christusgitternetz der Erde, das die Form eines Dodekaeders hat. Ich empfand eine tiefe Verbundenheit und spürte die allumfassende Liebe, die alles trägt.

Das Dodekaeder – Bericht 4

Ich verwende das Dodekaeder immer zur Begrüßung am Anfang einer Gruppensitzung. Es erinnert uns an die fünfte Kammer im Herzen, die in jedem Menschen vorhanden ist. Sie ist das Göttliche in uns, unser stilles Kämmerlein, in dem wir mit dem Geistig-Göttlichen in uns, mit unserer Höherführung in Kontakt treten können, um aus dieser Anbindung heraus zu erfahren, was jetzt für unseren Weg und für das Bewusstsein wichtig ist. Wird diese fünfte Kammer in der Begrüßung berührt, z. B. durch das »Namasté« (»Ich grüße und ehre das Göttliche in dir«), durch das »Aloha« (»Ich teile die Schwingung der Liebe mit dir«) oder durch das »In Ladak« (»Ich bin ein anderes ›Du selbst‹«), beginnt sie, zu glühen und zu leuchten. Wärme breitet sich aus, und die Schwingung in einem Raum erhöht sich merklich. Das Herz geht auf, Frieden, Liebe, Verständnis kommen auf, und wir können die Stimme unserer Engel, Meister und Meisterinnen, die uns von der geistigen Ebene aus anleiten, besser hören. Wir kommen ganz zu uns und sind doch mit allem zutiefst verbunden. Auf diese Weise kann viel Heilung in der Arbeit für einen Ort oder für die Menschen entstehen.

Gott wohnt im Herzen jedes Einzelnen.
Wenn jemand ihm sein individuelles Selbst zu Füßen legt, wirkt Gott uneingeschränkt zum Besten und zum Wohle aller durch ihn.

Kugel – Leere

Am Anfang war die Kugel.
Sie ist die Mutter aller Dinge.
Die Kugel ist die empfangende Form der Schöpfung.
In ihr ist alles enthalten,
um eine vollständige, vielgestaltige Schöpfung hervorzubringen.

Die Kugel symbolisiert Leere, und dennoch ist alles in ihr enthalten. Sie hat keinen Anfang und kein Ende. Sie ist das sechste Element und der Baustein des Universums. In ihr finden sich die Kräfte und die Eigenschaften der Erde, des Universums und allen Lebens. Sie gilt als Mutter der platonischen Körper und ist somit die wichtigste weibliche Form. Sie hat einige Besonderheiten:

* Sie kann alle platonischen Körper symmetrisch in sich vereinen.
* Aus der Kugel können alle platonischen Körper entstehen.
* Sie hat unendlich viele Symmetrieebenen.
* Sie ist drehsymmetrisch bezüglich jeder Achse und jedes Drehwinkels.
* Sie ist punktsymmetrisch bezüglich ihres Mittelpunktes.
* Sie hat weder Kanten noch Ecken.
* Sie hat die kleinste Oberfläche von allen Körpern im Verhältnis zum Volumen.
* Sie ist ein Rotationskörper, der in alle Richtungen gedreht und gewendet werden und auf jedem x-beliebigen Punkt ihrer Oberfläche stabil liegen kann.

Es gibt eine kleine feste Kugel innerhalb der Kugel, die als Zentrum oder Mittelpunkt bezeichnet wird.

Die Kugel im täglichen Leben

Aus der großen allumfassenden Leere formt sich die Schöpfung, das Leben. Unsere Erde ist wie alle Planeten kugelförmig. Wir finden die Kugelform z. B. bei Blasen, Wassertropfen, Atomen und Elektronen. Durch ihre Linien und die Verbindungen, die sie miteinander eingehen, formt sich das Leben.

Die Zahl 0

Die 0 ist der Narr, das spielende, sich selbst erfahrende Prinzip. Die 0 kann eine Energie erhöhen und verkleinern (z. B. 100 oder 0,01). Sie steht für die Freude am Erfahren, Experimentieren und Ausprobieren.

Symbol: Kreis und Kreislauf, Spirale

Die Fläche der Kugel ist ein Kreis, ein abgeschlossener Schwingungsraum mit einem Zentrum in der Mitte. Viele Rituale, Zeremonien und Tänze werden in Kreisform abgehalten. Ritualplätze wurden oft in Kreis- oder Quadratform aufgebaut, je nach Zweck und Ausrichtung. Wir finden im Kreis angelegte antike Steinformationen, alte kreisförmige Versammlungsräume wie die Kivas, Kornkreise, Medizinräder und runde Plätze an verschiedenen Kraftorten, weil sie das Urbild des lebendigen Seins darstellen. Die Kugel und der Kreis bieten viele Möglichkeiten.

Innerhalb der Grenzen ist ein unbegrenztes Sein möglich. Alles Leben hier auf der Erde vollzieht sich in Zyklen und Kreisen. Auch unser Leben beginnt in einer Kugel – in der Eizelle. Die Kugel gehört zu den grundlegenden geometrischen Mustern. Sie kann alles durchdringen und sich mit allem verbinden. Sie bietet unendliche Variationen an Spielmöglichkeiten der Schöpfung. Sie steht für Freude, Spiel und Spaß – denken wir daran, wie viele Spiele mit einer Kugelform gespielt werden.

Zusammenfassende Zuordnungen zur Kugel

Zahl	0
Silbe	OM oder in der Stille, der Leere sein
Richtungen	alle
Symbole	Blume des Lebens, Same des Lebens, Atom, Elektron, Eizelle, Kreis, Spirale, Ball, Scheibe, Sonnenzeichen
Farben	alle und keine
Minerale	Kristallkugel, runde Mineralien
Natur	runde Formen
Pflanzen	Samen, Körner, Knollen, Pollen
Plätze	Mutterleib, Höhlen, Grotten, Kivas, Planeten
menschliche Ebene	Entstehung
physisch	atomare und zellulare Ebene, Licht- und Energieebene
emotional	Seelenverluste, Seelenrückholung – Energieaufladung
energetisch	heilend, auffüllend, stärkend
geistig	Kontemplation, Empfangen, Öffnen
spirituell	Hingabe, Vertrauen, Empfangen, Öffnen
kollektiv	Heilung und Aufladung mit göttlicher Energie in allen Bereichen, Lichtarbeit
Engel	Metatron
Meister und Meisterinnen	die Göttin in ihrer vielgestaltigen Form, Hathor, Heiler und Heilerinnen aller Ebenen und Dimensionen
Naturgeister	Devas, Feen, Elfen

positive Qualitäten	genährt werden; Visionen, Heilung, Schutz, Hülle, Beweglichkeit, viele Möglichkeiten, Wahl, Erkenntnis, Bewusstsein, Schwingung, Resonanz, Fruchtbarkeit, Samen, Spiel, Spaß, Freude
negative Qualitäten	abgeschlossen, hart, zerstörend wie aufbauend
Heilungswege	spielen, sich der Schöpfung öffnen, schöpfen, herausfinden, erfinden; Medizinrad, Tänze, Rituale und Zeremonien, Handlungsbögen beginnen und abschließen
Prozesse	sich die Dinge von verschiedenen Seiten und Ebenen anschauen, relativieren, abschließen, rund machen
Meisterung	Erkenntnis

Die praktische Arbeit mit der Kugel

* Innenschau
* Vision
* Beginn der Schöpfung
* Energieheilung
* Seelenrückholung
* Stärkung verschiedener Eigenschaften
* Schutz und Geborgenheit
* Heilung der Seele
* Fruchtbarkeit
* Heilung des Inneren Kindes
* Heilung von Mutterthemen
* Fülle, Samen, Fruchtbarkeit, Leben, Lebendigkeit
* Beeinflussung, Schwingung

In der schamanischen Arbeit gibt es die Seelenrückholung. Eine Seele kann sich aus verschiedenen Gründen, z. B. wegen traumatischer Erfahrungen, teilweise von einem Menschen abspalten. Diese Seelenanteile sind zwar nicht mehr integriert, bleiben aber mit dem Menschen verbunden. Dies führt dazu, dass dieser sich nicht mehr ganz, sondern zerrissen und abgespalten fühlt, er hat wenig Energie, ist müde, anfällig für Krankheiten und hat sich ständig wiederholende Albträume, kann sich nicht spüren etc.

Wenn sich Teile der Seele abspalten, so ist es, als würde ihr Licht gedimmt. Bestimmtes wird einfach ausgeblendet, damit wir trotz heftiger Erlebnisse überleben und einigermaßen gut weiterleben können. Das geht so lange, bis wir eine neue Erfahrung im Leben machen möchten. Plötzlich fehlt uns dann der abgespaltene Teil, mit dessen Hilfe wir über eine Situation hinauswachsen oder eine ungesunde Situation verlassen könnten.

Diese Seelenanteile können zurückgebracht werden, indem die Situation, in der ein Seelenverlust entstanden ist, gewürdigt und geheilt wird, sodass die emotional gebundene Energie frei wird. Die Vergangenheit wird dadurch nicht geändert, das Erlebnis jedoch neutralisiert, die Energie frei, sodass wir in der Lage sind, aus anderen Blickwinkeln auf solche Situationen zu schauen und uns von ihnen bei der Erfüllung unseres Seelenplans nicht mehr behindern zu lassen.

Eine Sache muss rund, abgeschlossen sein, bevor sie Energie anzieht.

Oft sind Seelenanteile, die zurückgebracht werden, wie Energiekugeln, in denen bestimmte Kräfte gespeichert sind, die der Seelenkörper aufnimmt und wieder in sich integriert. Auf diese Weise kann tiefgreifende Heilung geschehen. Energiekugeln können auch bei Plätzen, Tieren und Pflanzen Heilung herbeiführen. Zudem können Rituale und Zeremonien, die im Kreis abgehalten werden, die Energie an einem Ort erhöhen, heilen, freisetzen und stabilisieren.

Das Geschenk der Kugel

Stelle dir die Kugel aus Licht in deiner Hand vor, oder nimm sie in die Hand. Öffne nun langsam die Kugel, und blicke hinein. Was für ein Geschenk, was für eine Botschaft enthält sie für dich? Wenn du möchtest, lege eine Qualität, einen Wunsch oder eine Kraft hinein, und sieh, wie deine Gabe Energie anzieht und aufbaut. Nimm das Geschenk der Kugel, der Leere, an, nimm es in dein Herz, und lasse zu, dass es sich in deinem Leben entfaltet.

Wunscherfüllung mit der Kugel

Stelle dir vor, wie sich in deinem Herzen eine Kugel aus rosa-goldenem Licht formt. Nimm diese wunderbare Kugel in deiner Vorstellung in die Hand. Visualisiere nun deinen Herzenswunsch, und gib ihn in die Kugel hinein. Halte ihn eine Zeit lang, und spüre, wie er in der Kugel lebendig wird. Nimm dies mit all deinen Sinnen so intensiv wie möglich wahr. Erfreue dich an deiner Vision. Lege diese Kugel nun in Gedanken in den Raum deines Herzens. Dann lasse sie los, und sieh, wie sie langsam in die Höhe steigt. Sie fliegt in das Universum, um von dort Energie anzuziehen. Wisse, es ist getan.

Bitte deine Engel und geistigen Helfer an deine Seite. Überreiche ihnen eine Kugel mit einer Qualität, die dir in deinem Leben fehlt. Die Kugel wird dir in deinen Energiekörper gesetzt. Schaue, wie sie sich öffnet und ihren Inhalt in deinem Energiekörper verteilt.

Energieübertragung

In Heilsitzungen oder bei Fernheilungen kann die Übertragung von Heilenergie über Energiekugeln erfolgen. Erfahrungsgemäß können solche Kugeln in allen Größen und Energieformen auftreten, in allen Farben leuchten, funkeln und strahlen. Sie können Symbole, Worte, Bilder oder Gefühle in sich tragen und auf entsprechende Weise gesendet werden. Sie stammen aus dem Raum der Leere und dem Raum der unbegrenzten Möglichkeiten. Daher ist die Arbeit mit ihnen praktisch unbegrenzt.

Zünde zwei Kerzen an, eine für dich und eine für das Wesen, an das du Energie übertragen möchtest. Wenn du die Erlaubnis des Wesens für die Energieübertragung hast, bitte deinen geistigen Heiler oder einen Engel der Heilung zu dir. Wenn du seine Anwesenheit wahrnimmst, bitte ihn, dich in dieser Sitzung zu führen und zu leiten. Höre, was dir übermittelt wird. Notiere es. Lasse dir die Energie geben, die das zu heilende Wesen braucht.

Stelle dir vor, wie sich ein Heilkanal zwischen dir und dem Wesen (Mensch, Tier, Stein, Platz …), das diese Heilenergie braucht, öffnet. Nun sende die Energiekugel mit deiner ganzen Liebe zu dem Wesen, und warte, bis du das Gefühl hast, dass die Energie angekommen ist. Wisse, es ist geschehen.

Innere Schau – die Kristallkugel

Über eine kristalline Kugel, ob real oder visualisiert, können wir mit allem, was ist, in Verbindung treten. Kommunikation mit anderen Lebensformen erfolgt meist ebenfalls über kristalline Kugeln, die sich, je nach Übermittlung, im Herzen oder im Kopf aufbauen.

Wenn du eine Frage hast, formuliere sie so klar und einfach wie möglich. Begib dich dann in die Stille. Visualisiere eine kristalline Kugel, halte sie im Geiste, und warte, was geschieht. Es dauert manchmal etwas länger, bis eine Energiebewegung entsteht und ein deutliches Bild, ein Wort oder ein Gefühl über die Kugel sichtbar wird.

Es gibt sehr viele Möglichkeiten, mit der Kugel zu arbeiten und zu wirken. Sie symbolisiert die Leere, in der alles möglich ist und die das zulässt, was in diesem gegenwärtigen Moment von der höchsten Ebene aus geschehen soll. Kreise und Kugeln sollten bei keiner Heilsitzung fehlen. Sie sind der Urbauplan der Schöpfung und öffnen den Raum der unbegrenzten Möglichkeiten.

Erfahrungen mit der Kugel

Die Kugel – Bericht 1

Eine Frau hatte hohes Fieber. Sie gab einer Heilerin die Erlaubnis, mit ihr aus der Ferne zu arbeiten, weil sie selbst keine Kraft mehr in sich fühlte. Die Heilerin fragte ihre Engel, was zu tun sei. Sie erhielt eine strahlend blaue und eine kristallin weiße Kugel, die sie durch einen Kanal in das Energiefeld der Frau sandte. Das Licht breitete sich darin aus. Das blaue gab ihr Schutz, Ruhe und Kraft. Das weiße reinigte das gesamte Energiefeld und löste jede Verunreinigung auf. Zwei oder drei Minuten später rief die behandelte Frau an und sagte, dass das Fieber schlagartig gesunken sei, dass sie sich klarer und stabiler fühle und dass sie nun das Gefühl habe, sich ausruhen zu wollen.

Die Kugel – Bericht 2

Ich nahm die Kugel in die Hand. Nach kurzer Zeit entwickelte sie eine eigene Bewegung und begann, in meinem Lichtsystem zu kreisen. Sie ging in jedes Chakra und reinigte es durch eine schnelle Drehbewegung in alle Richtungen. Die Chakras begannen, in den schönsten Farben zu leuchten. Die Energien verbanden sich. Nach dieser Arbeit fühlte ich mich erfrischt und aufgeladen.

Die Kugel – Bericht 3

Mich zog die Kugel regelrecht an. Ich fühlte, dass einige Dinge in meinem Leben nicht ganz rund waren. Ich nahm die Kugel in meine Hand und ließ sie einen Moment lang wirken. Plötzlich begann sie eine eigene Bewegung. Ich sah alle Dinge, die ich noch nicht zum Abschluss gebracht hatte. Ich hatte die Erkenntnis, dass ich mir auf diesem Weg den Erfolg verweigerte. Die Kugel füllte sich mit goldener Energie, und ich hörte die Worte in mir: »Bringe diese Dinge zu Ende.« Unter anderem zeigte sich ein Bild, das ich noch nicht fertig gemalt hatte. Ich machte mich an die Arbeit. Als das Bild fertig war, kam auf unglaubliche Weise ein Mensch in mein Leben, der dieses Bild kaufte und weitere bestellte. Mir ist durch die Arbeit mit der Kugel klar geworden, dass ich Sachen rund machen, den Kreis schließen sollte, bevor es in einen weiteren Kreis geht.

Die Kugel – Bericht 4

Ich nahm die Kugel in die Hand. Sie erinnerte mich an einen Fußball oder Spielball, und mir fiel ein, wie gern ich früher Ball gespielt hatte. Ich sah Szenen aus meiner Kindheit, in denen ich voller Freude mit anderen hinter einem Ball herlief, wir uns die Bälle zuspielten und wie viel Freude und Spaß wir dabei hatten. Im Ernst des Lebens und dem Alltag hatte ich dies fast vergessen. Die Kugel füllte sich mit orangefarbenem Licht und floss in mich ein. Sie vermittelte mir eindeutig die Botschaft, ich solle spielen, Teamgeist entwickeln und wieder Spaß haben. Das war es, was mir in meinem Leben fehlte. Ich sah deutlich das Gesicht meines Jugendfreundes. Ich rief ihn am darauffolgenden Tag an, und wir verabredeten uns. Es tat gut, sich wiederzusehen. Und: Er konnte mir in der Situation, in der ich mich gerade befand, auf wundervolle Weise weiterhelfen, weil er selbst schon Ähnliches erlebt hatte. Aus meiner Sicht stärkt die Kugel die Intuition und Führung.

Die Kugel – Bericht 5

Wir waren eine Gruppe, die zu einer Erdheilung gerufen wurde. Wir setzten uns im Kreis nieder und baten die Engel, uns zu übermitteln, was wir tun sollten. Dem Platz fehlten Liebe und Energie, er wirkte trocken und ausgelaugt. Wir wurden angewiesen, einen bestimmten Tanz im Kreis auszuführen und Energie in den Boden zu geben. Zum Schluss standen wir im Kreis und hielten uns an den Händen. Wir alle nahmen wahr, wie viele bunte Energiekugeln wie ein Segen in die Erde eindrangen. Ich glaube, man nennt sie Orbs. Die Liebe und der Segen kehrten zurück an den Platz. Zwei unserer schamanisch arbeitenden Freunde bliesen Seelenanteile in die Erde. Ein halbes Jahr später war der Platz grün und wirkte sanft. Früher haben die Menschen viel draußen gefeiert, Kreistänze getanzt, gesungen, gestampft und gelacht. Sie haben auf diese Weise die Erde gestärkt, und die Erde stärkte sie. Die Kugel steht für mich für Mutter Erde, die mich mit allem nährt, was ich heute brauche, und die meinen Weg segnet, wenn ich mit ihr verbunden bin.

Die praktische Arbeit mit den platonischen Körpern

In diesem Kapitel möchten wir Ihnen nur einige Impulse geben, mögliche Anwendungen der platonischen Körper zeigen. Alles darüber hinaus würde ein zusätzliches Buch füllen. Bevor wir mit allen platonischen Körpern gleichzeitig arbeiten, sollten uns die einzelnen zugänglich sein. Anschließend können wir mit den platonischen Körpern in einer bestimmten Reihenfolge wirken oder sie in bestimmten Bereichen installieren, z. B., um Energie zu verdichten (Materialisierung) oder zu lösen (Dematerialisation) oder Heilung geschehen zu lassen.

Materialisierung
Kugel, Oktaeder (Luft), Ikosaeder (Wasser), Dodekaeder (Äther), Tetraeder (Feuer), Hexaeder (Erde)

Dematerialisierung
Hexaeder (Erde), Tetraeder (Feuer), Dodekaeder (Äther), Ikosaeder (Wasser), Oktaeder (Luft), Kugel

Channeling
Dodekaeder (Äther), Oktaeder (Luft), Hexaeder (Erde)

Heilsitzungen
Hier gibt es sehr verschiedene Anwendungsmöglichkeiten. Die folgende Anordnung hat sich besonders bewährt, sie verstärkt die Heilwirkung und erhöht die Schwingung:

* Kopf – Oktaeder (oder Dodekaeder) – Geist
* Herz – Dodekaeder (oder Oktaeder) – ewige Flamme
* Linke Körperseite – Ikosaeder – weiblich empfangende Seite
* Rechte Körperseite – Tetraeder – männlich aktive Seite
* Füße – Hexaeder – Erdung
* Kugel – dort, wo Heilenergie hinfließen und sich verstärken soll

Beispiele und Impulse für die Anwendung der platonischen Körper

Wählen lassen – führen lassen

In einer Sitzung nimmt die Person, die angeleitet wird, die geometrische Figur, die sie am meisten anzieht (es können auch mehrere sein). Sie lässt die Figur wirken und arbeiten, während die Person, die diese Sitzung leitet, mitschaut und die Wirkung der platonischen Figur verstärkt. Die platonischen Körper haben ihre eigene Bewegung und erzeugen eine individuelle Schwingung im Energiefeld. Dieser gilt es unbedingt zu folgen.

Die Zeremonie – das Ritual

Zeremonien und Rituale können abgehalten werden, um die Erde zu heilen oder die Schwingung an einem Ort zu erhöhen und alte Informationen an ihm zu löschen. Bei jedem Ritual und bei jeder Zeremonie ist es ratsam, die Elemente in bestimmter Weise anzuordnen und einzuladen. Die Naturvölker platzieren die fünf Elemente beispielsweise im Kreis und laden sie mit Gebeten, Anrufungen, Musik und Tönen ein.

Die Elemente sind den Himmelsrichtungen wie folgt zugeordnet (sei bitte frei, deinem Weg und dem, was du gelernt hast und von Herzen fühlst, zu folgen):

Osten – Luft – Oktaeder:
Flöte, Lied, Ton – Wind – Inspiration – Sonnenaufgang – Morgen – Federn, Räucherwerk – Kerzenfarben: Gelb, Weiß, Beige

Süden – Feuer – Tetraeder:
Rassel – Feuer – Kraft, Energie, Wandlung – Sonnenhöchststand – Mittag – Feuerholz, Kerzen für jeden – Kerzenfarben: alle Rottöne, Violett

Westen – Wasser – Ikosaeder:

Muschelhorn, Kalimba, Ocean Drum – Reflexion, Reinigung, Bereinigung, Innenschau – Sonnenuntergang – Abend – Wasser, Salbungsöl, Wassergläser – Kerzenfarben: Weiß, Blau, Türkis, Dunkelblau

Norden – Erde – Hexaeder:

Trommel, tiefe Töne – Konzentration, Meditation, Höheres Selbst – die Sonne ist nicht zu sehen – Nacht – Brot, Nahrung – Kerzenfarben: alle Grüntöne, Braun, Gold

Mitte – Äther – Dodekaeder:

Trommel, Ton, Flöte, alle Instrumente – Sein, Präsenz, Gegenwärtigkeit, Offenheit, Verbundenheit, Liebe zu allen Wesen – Unten, Mitte, Oben – durchdringt alle Richtungen – Ewigkeit, ewiges Licht – das Thema, um das es geht, Tücher, Farben, Düfte – Kerzenfarben: Rosa, Gold (alle Farben, die Farbe des Themas)

Mitte oder Außen – Kugel:

der leere Raum, der offen lässt, was geschehen darf

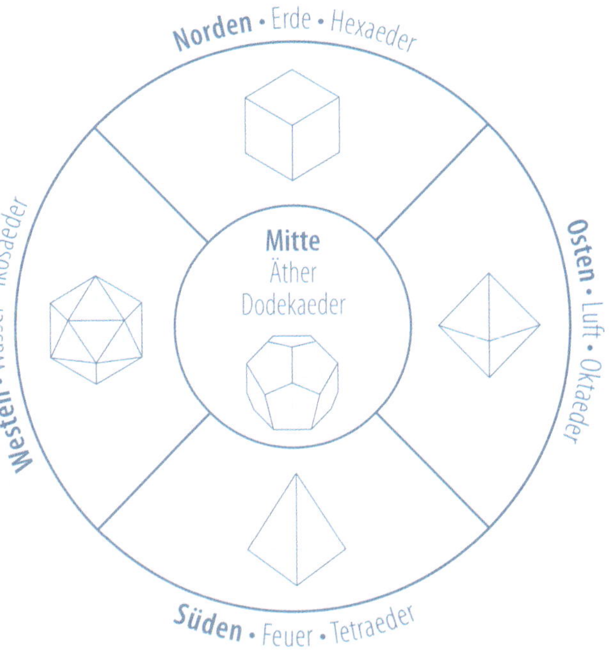

Hier ein Vorschlag für den Aufbau eines Rituals oder einer Zeremonie:

Reinige den Raum mit Räucherwerk, der Feuerzeremonie Agnihotra oder der Violetten Flamme der Transformation. Der Raum sollte geklärt und bereit sein. Verbinde dich mit der Geistigen Welt, mit der geistigen Führung, mit Christus oder den Meistern und Meisterinnen, die für diese Zeremonie bedeutsam sind. Tritt mit ihnen in Zwiesprache.

Wenn du in der Natur bist, rufe die Kräfte des Ortes und die Hüter des Platzes, und stelle eine Gabe für sie bereit. Bitte sie um die Erlaubnis, mit ihnen in Kontakt treten zu dürfen, und frage sie, was zu tun ist.

Die Mitte – der Kreis

Es ist wichtig, eine Mitte mit den fünf Richtungen, den fünf Elementen und fünf Kerzen in den Farben der Elemente herzurichten. In einem Kreislauf, in einem Kreis, geht nichts verloren, alles hat seine Zeit, seinen Platz und seine Berechtigung.

Wir sitzen nicht zufällig in einer Richtung, an einem Platz. Dies kann uns helfen, die Kräfte, mit denen wir es gerade zu tun haben, zu verstehen, uns auszurichten und uns wieder mit den größeren Kräften, Zyklen und Kreisläufen zu verbinden.

Der Tempel aus Licht

Um einen Tempel aus Licht zu errichten, sprich drei Mal: »Im Namen der ICH-BIN-Gegenwart bitte ich, dass sich an diesem Ort, in diesem Raum, ein (Heil-) Tempel aus Licht aufbaut, zwischen den Welten und jenseits der Zeit – funkelnd, strahlend, leuchtend, hell.«

Wenn der Tempel aus Licht errichtet ist, bitte deinen Schutzengel bzw., wenn du in der Gruppe arbeitest, die Schutzengel aller Anwesenden in den Raum, und lade die heiligen Kräfte der vier Himmelsrichtungen ein.

Es gibt verschiedene Anfänge: Du kannst der Jahreszeit entsprechend beginnen oder immer mit dem Osten (Sonnenaufgang) anfangen – dem neuen Werden.

Weisheit in Licht geschrieben –
wenn unsere Seele erwacht,
antwortet das Licht der Weisheit auf das erwachende
Licht in uns.
So überträgt sich die universelle Weisheit
still über die Lichtsprache und das universelle Lichtmuster
in die Seelen der Menschen.

Die Hallen von Amenti – die verborgenen und heiligsten Hallen der Erde

Die Legende von Atlantis aus der Sicht von Jeanne Ruland

Atlantis soll im Atlantik zwischen Europa und Amerika versunken sein. 240 000 Jahre lang lebten dort Hochkulturen mit hohen technischen, medialen und geistigen Fähigkeiten im Einklang mit der Schöpfung. Die Quelle allen Seins sendete Aspekte ihrer selbst aus, um sich erfahren, spiegeln und reflektieren zu können. Die Atlanter waren feinstoffliche Wesen, die mit dem ewigen Fluss lebendiger Quellenergie verbunden waren und die Stationen von Geburt und Tod nicht passieren mussten. Der Mensch wurde dazu auserkoren, die zehnte Hierarchie der göttlichen Ordnung zu werden, die durch einen freien Willen und ein Bewusstsein durch Erkenntnis in der Quelle ruht, darin verankert bleibt. In Atlantis wurde experimentiert, Wissen eingesetzt und das eigene Können erprobt. Die Menschen verstrickten sich dadurch tiefer im Materialismus und der Zerstörung des Selbst. Sie entfernten sich zunehmend von der Quellebene, die Schwingung verdichtete sich und wurde niedriger. In ihrem fünften Experiment gingen die Atlanter zu weit. Sie installierten eine künstliche Merkaba außerhalb von Raum und Zeit. Dazu zogen sie den vollkommenen Plan der Schöpfung aus den Elementen und trennten das Weibliche vom Männlichen. Das mächtige künstliche Energiefeld, das sich daraus ergab, wirbelte alle Energie auf, gegen die Lebensenergie drehend, und erzeugte ein schwarzes Loch, das alles in sich verschlang und ein großes Ungleichgewicht im Raum-Zeit-Kontinuum schuf. Dies führte zum Untergang von Atlantis.

Das Bermudadreieck soll in direkter Verbindung mit diesem Ereignis stehen. Die große Weiße Bruder- und Schwesternschaft konnte den Schaden begrenzen, aber nicht beheben.

Die direkten Auswirkungen dieses Experiments spüren wir bis heute. Es ist, als sei ein Teil des Bewusstseins in ein Koma gefallen und käme nur langsam wieder zu sich. Das Erwachen aus einem langen Albtraum mit kurzen Sequenzen der Erinnerung an das Licht in uns ist eine Folge dieses Experiments.

Thot war in der Zeit vor dem Untergang der atlantische Priesterkönig Arlich Vomalites. Als Eingeweihter war er in der Lage, sein Bewusstsein in einem Körper zu halten, ohne zu sterben. Als feststand, dass Atlantis dem Untergang geweiht war, errichtete der weise Rat von Atlantis unter der Führung des Priesterkönigs die Hallen von Amenti im Inneren der Erde. Da Arlich Vomalites den höchsten Grad der Einweihung hatte und mit der Quelle in direkter Verbindung stand, war es ihm mit anderen Eingeweihten des höchsten Grades möglich, in diesen Hallen die Blume des Lebens zu installieren, um die Lebensenergie, die Erinnerung und den vollkommenen Bauplan der Schöpfung zu halten. Er stellte mit dem Rat der Weisen eine Substanz her, geschaffen aus alchemistischer Transmutation, die unvergänglich und widerstandsfähig gegen alle Elemente und Substanzen war. Diese Lichtsubstanz wurde dazu verwendet, die Weisheiten und das alte Wissen von Atlantis in Licht zu schreiben. Dieses Licht reagiert auf speziell gestimmte Gedankenwellen und löst eine geistige und mentale Schwingung in dem Menschen aus, der bereit ist, in seine ursprüngliche Kraft zu erwachen. Alles, was den Atlantern heilig war und von direkter Quellebene übermittelt wurde, wird in den Hallen von Amenti aufbewahrt.

Nach dem Untergang von Atlantis gründete Thot eine Kolonie im alten Ägypten. Er soll angeblich 16 000 Jahre die Ägypter regiert haben. Unter ihm, so heißt es, wurde die Große Pyramide von Gizeh erbaut, die ein direkter Zugang zu den Hallen von Amenti ist.

Menschen, die den Einweihungsweg gingen, waren unmittelbar mit diesen tiefen Ebenen des Quellwissens innerhalb der Erde verbunden und wurden von den großen Meistern und Meisterinnen des Lichtes eingeweiht, die nie die Einheit der Quelle verloren. Die Hallen von Amenti sind die heiligsten Hallen dieses Universums. Unsterbliche Meister und Meisterinnen des Lichtes können sich bewusst zwischen den Ebenen und Dimensionen aufhalten und führen ein ewiges, uns unbekanntes Leben. Thoths Energie ging in die Körper dreier Menschen ein. Er lehrte immer wieder Personen, die dazu bereit waren, die wahren Gesetze der Geistlichkeit und der Quelle zu erfahren.

Da wir uns in einer Zeitenwende befinden und uns wieder zurück zur Quelle bewegen, kehrt das Wissen zurück und wird vielen Menschen zugänglich. Erinnerungen erwachen auf Zell- und atomarer Lichtebene.

Wissenswertes über die Hallen von Amenti

Die Hallen von Amenti befinden sich in einer anderen Dimension im Inneren der Erde. Weltweit gibt es viele Lichtstätten und Einweihungshallen in überirdischen und unterirdischen Dimensionen. Es sind die Orte, an denen wir Lichtwesen, Meister, Meisterinnen und aufgestiegene Wesenheiten treffen können, um von ihnen die Einweihungen in die Auferstehung und das Leben zu erfahren. Die Hallen von Amenti sind für mich die größten und beeindruckendsten Einweihungsstätten der Erde. Man darf sie sich nicht wie herkömmliche Hallen vorstellen. Sie sind riesige freie Räume mit unterschiedlichen Schwingungsbereichen. Sie enthalten, enthüllen und hüten das Mysterium der Blume des Lebens. Im Angesicht dieser Räume fühlt man sich wie ein winziger, doch einzigartiger Lichtfunke im Universum. Ich habe diese Hallen bewusst zu verschiedenen Einweihungen betreten und gebe hier neben allgemeinen Informationen eigene Erfahrungen und Eindrücke weiter.

Der Weg des Menschen verläuft über zwölf Einweihungstempel, die entlang des Nils liegen und in denen er Anteile seiner Persönlichkeit ausbalancieren muss. Die 13. Einweihungshalle, die letzte und größte, ist die Cheopspyramide. Sie verbindet uns direkt mit dem Kosmos und den Hallen von Amenti.

Meister und Meisterinnen dieser Hallen sind: Hermes Trismegistos Thoth, Isis, Melchizedek, Enoch, Salomon, Abraham, Moses, Jesus Christus (Sananda),

Maria Magdalena, Mutter Maria, Apollonius von Tyana, Pythagoras, Meister Hilarion, Serapis Bey, Meister Saint Germain, Lady Portia, Merlin und viele andere Aufgestiegene Meister und Meisterinnen.

Eingänge

Um sich die Größe dieser Hallen bewusst zu machen, liste ich hier die mir bekannten Eingänge auf:

* Steinsarkophag in der Einweihungskammer der Cheopspyramide (Ägypten)
* Tal der Könige (Ägypten)
* alle Einweihungsstätten in Ägypten sind mit diesen Hallen verbunden und jeweils ein materielles Abbild einer dieser Hallen
* Sulphur Springs (Oklahoma)
* Mount Shasta (Kalifornien)
* Mictolan (Südamerika)
* Shambhala (Tibet)
* Schwarzwald (Deutschland)
* Benares (Indien)
* Atlasgebirge (Afrika)
* Wüste Gobi (Zentralasien)
* ein unbenanntes Tal in Alaska

Die Hallen liegen tief im Herzen der Erde. Sie sollen etwa 50 000 v. Chr. von Thot und den Meistern und Meisterinnen des Lichtes und der Weisheit erschaffen worden sein und befinden sich in einer nichtmateriellen Schwingungsebene. Sie haben eine direkte Verbindung zum positiven und negativen Pol der Erde und sind vom kosmischen Licht durchflutet. Viele Menschen, die mit den Meistern und Meisterinnen in Verbindung stehen, werden hier unterrichtet. Über die geistige Ebene kann man, wenn man dafür bereit ist, diesen Raum betreten. Über dem Haupteingang zu den Hallen wurde die Große Pyramide gebaut. Zahlreiche Legenden ranken sich um die Hallen. So heißt es z. B., sie seien die Hallen der Unterwelt, durch die die Seelen nach dem Tod hindurchgehen, um gerichtet, gewogen und gemessen zu werden. Sind die Seelen leicht wie eine Feder, dürfen sie aufsteigen. Sind sie schwer wie Blei, warten weitere Lektionen auf sie. Unsere Seele ist leicht wie eine Feder, wenn wir auf unser Herz hören und unserem Plan folgen. Sie wird schwer, wenn wir vergessen, unsere innere Stimme ignorieren und uns auf Dinge einlassen, die nicht unserem wahren Wesen entsprechen.

Das Bewusstsein des Meisters Hermes Trismegistos Thot lebt in den Hallen von Amenti, und seine unsterbliche Seele inkarniert in der einen oder anderen Form, um die Weisheit zu erhalten und sie zurück in das Bewusstsein der Menschen zu tragen. Alle Meisterinnen und Meister des Lichtes sind hier eingeweiht worden. An diesem Ort erwachten sie zum ewigen Leben.

Bereiche der Hallen von Amenti

Es gibt verschiedene Bereiche in den Hallen von Amenti, denn der unendliche Raum teilt sich in weitere Räume und Dimensionen. Hier gibt es die Hallen der Meister und Meisterinnen, die Hallen des Todes, die Hallen des Lebens, die Hallen der Weisheit, die Hallen der Zyklen, die Einweihungshallen, die Hallen der Heiligen Geometrie und der kosmischen Ordnung, die Hallen des Erwachens, die Hallen des Vergessens, die Hallen des Abstiegs und des Aufstiegs, die Halle der Blume des Lebens … kurz: Es gibt alle Räume der inneren Welt, die wir auch im Leben vorfinden. Solange wir nicht unseres Selbst gewahr werden, empfinden wir uns als Opfer bestimmter Schöpfungen.

Einige Räume möchte ich kurz vorstellen:

Die Hallen der Meister und Meisterinnen

Aus der tiefsten Dunkelheit erhebt sich das Licht und zeigt den Menschen den Weg hinein. Warum sonst liegt die Geburt einiger Gottessöhne in der dunkelsten Nacht? In diesen Hallen sitzen die großen Meister und Meisterinnen von Äon zu Äon und führen ein Sein, das den Menschen unbekannt ist. Sie sind unsterblich und hüten das Licht der Weisheit. Jederzeit sind sie dazu bereit, sich zu erheben und uns die Hand zu reichen, wenn wir es wünschen und für diesen Schritt bereit sind. Meister Serapis Bey wacht in diesen Hallen über die Aufstiegsflamme, die jedes Mal in Aktion tritt, wenn wir dazu bereit sind, die nächste Stufe zu betreten. Wer den Weg einmal beschritten hat, kann nicht mehr zurück. Die Meister und Meisterinnen, die uns zur Seite stehen, die uns helfen, die Herausforderungen im Leben anzunehmen, können wir in diesen Hallen treffen. Wir können hier Anleitungen und Visionen erfahren, an die wir uns nur zu halten brauchen. Diese Visionen werden gelenkt und erfüllt, wenn wir in der Lage sind, sie zu halten und mit den Kräften, die das gesamte Universum lenken, in Verbindung zu bleiben. Wir brauchen nur den Impulsen zu folgen, die uns eingegeben werden. Der Meisterplan offenbart sich auf diese Weise durch uns.

Die Hallen des Todes

Diese Hallen werden von einer dunklen, verschleierten Gestalt gehütet und sind in dunkle Schleier der Illusionen gehüllt. Hier brennen unzählige Lebenslichter. Einige sind klein wie Lichtfunken, andere strahlen wie Leuchttürme oder Fackeln weit in die Dunkelheit hinein, wieder andere glühen nur schwach oder flackern. In diesen Hallen kann man sehen, wie das eigene Seelenlicht leuchtet, sich entwickelt und den Weg in größere Aufgaben und Herausforderungen bereitet. Der Raum ist gefüllt mit Licht und Lebensenergie. Wenn eine Seele erwacht, verbindet sie sich mit dem universellen Licht, und letztlich bleibt nichts als ewig geistiges Licht. In diesen Hallen erhalten wir das Ankh – den Schlüssel zum Leben –, wenn wir dazu bereit sind, am universellen Plan des Erwachens mitzuwirken. Wir werden zum Mitschöpfer und sind in der Lage, unseren Körper niederzulegen und in weit entfernte Räume zu reisen. Die Einweihung in das größte Mysterium entsteht in der Begegnung mit dem Tod, der letztlich selbst eine Illusion ist, weil er dem Licht entspringt. Das Leben ist unsterblich.

Wenn unsere Seele, das Licht in uns, erwacht und sich unser Herz öffnet, wird uns das Licht, das in diesem Raum leuchtet, antworten.

Die Halle der Blume des Lebens

Die Blume des Lebens ist das unsterbliche Seelenfeuer, das in jedem Atom brennt, leuchtet und strahlt. Sie ist das Uratom in der Mitte der Erde, das Uratom der Schöpfung. Wenn wir mit ihr in Verbindung treten, entfaltet sich unser Schöpferpotenzial ganz von allein, so, wie ein Same, der zu seiner Zeit keimt. Sie wächst in der Halle des ewigen Lebens und erinnert uns an die Vollkommenheit der Schöpfung – denn die Schöpfung ist bereits vollkommen, und wir sind es ebenfalls, wir müssen uns nur daran erinnern. Wir können die Schöpfung erleben, neue Facetten von ihr erfahren und so unsere Seele in die Vollkommenheit des Seins erwecken.

In dieser Halle finden wir die Blume des Lebens mehrdimensional als Lichtkugel. Um sie herum stehen Throne, die von ihrer Strahlung geflutet werden. Sie erfüllt das Sein mit ewigem Licht, hilft uns dabei, Bewusstsein über unsere unsterbliche geistige Natur zu entwickeln, und spendet Leben und Licht. Jeder, der diese Halle aufsucht, wird mit einer unendlichen Energie und Kraft gespeist. Sie erinnert uns daran, dass wir tief in uns aus der ewigen Quelle allen Seins genährt werden. In dieser Halle finden wir die Geschichte des Aufstiegs der Menschheit aus der Dunkelheit in das Licht. Die Blume des Lebens ist die vollkommene Matrix, Blaupause des Seelenlichtes. Sie steht mit dem Magnetgitternetz der Erde in Verbindung. Verändert sie sich, so verändert sich auch das Gitternetz der Erde, und neues Bewusstsein strömt ein.

Viele von uns haben eine Blume des Lebens, bei der mehrere Verbindungen fehlen oder Kreise unterbrochen wurden. So ziehen wir, nach dem Schlüssel-Schloss-Prinzip, Menschen, Situationen und Umstände an, die dazu passen. Auf diese Weise erhalten wir die Gelegenheit, unser Selbst zu erkennen, und die Möglichkeit, diese gebrochenen Verbindungen und Kreise zu heilen.

Die Hallen der Weisheit

Tabula Smaragdina – das universelle Licht der Weisheit und des ewigen Lebens

Von der Tabula Smaragdina ist in vielen Bereichen zu lesen und zu hören. Manche Menschen glauben, es seien beschriebene Tafeln aus Smaragd, die die geistigen, alchemistischen, ewig gültigen Gesetzmäßigkeiten enthalten. Doch dies ist nur ein Teil der Wahrheit. Ich sah in den Hallen von Amenti einen Raum, der der universellen Weisheit des Lebens und dem Großen Geheimnis gewidmet ist. Dieser Raum besteht aus Licht und einer Lichtsprache, in die alle Weisheit dieser Welt eingeprägt ist. Dieses Licht ist durch eine alchemistische Transmutation entstanden. Es ist unvergänglich und widerstandsfähig gegen alle Substanzen und Elemente. Eine alte Sprache des Lichtes reagiert auf speziell gestimmte Gedankenwellen und löst Bewusstsein im Menschen aus. Jeder Mensch, der dabei ist, aufzuwachen, hat Zugang zum »Licht-Weisheit-Bewusstsein« dieser Halle.

Man kann sich dies so vorstellen: Das Licht der Sprache leuchtet in diesem Raum in einem phosphoreszierenden Grün. Meister und Meisterinnen aller Zeiten hatten durch die Erweckung ihres Bewusstseins Zugriff auf diesen universellen Wissensspeicher, und natürlich wurde das Wissen, das auf ewig in dieser Halle leuchtet, als das schriftliche Abbild dessen, was unvergänglich in dieser Halle strahlt, auf Tafeln und Rollen (Smaragdtafeln, Papyrusrollen) niedergeschrieben. Jetzt taucht dieses Wissen wieder verstärkt durch Menschen auf, die ihr Bewusstsein entwickeln und es mit dem universellen Bewusstsein verbinden. Jeder Mensch, der erwacht, wird aus dieser Halle gespeist. Oft weiß er nicht, woher sein plötzliches Wissen stammt, doch es ist ewig in das Licht geschrieben.

Dies sind nur einige Informationen zu den Hallen von Amenti. Wer schon einmal die Gelegenheit hatte, sie zu betreten, weiß, dass sie aus dem unendlichen Raum des Seins gespeist werden. Wenn wir im Steinsarkophag der Cheopspyramide liegen, wird ein Teil von uns in das Universum und ein anderer Teil in das Innere der Erde gezogen. Wir beginnen, uns der Größe, Unsterblichkeit und Tiefe des Lebens bewusst zu werden. Wir sind alles und mit allem verbunden und in der Lage, das Leben neu zu manifestieren.

Die Hallen von Amenti heute

Viele Seelenanteile aus verschiedenen Leben, in denen wir versagt haben, in denen die Schmerzen zu groß waren, wir den Einweihungsweg nicht zu Ende gehen konnten, aus dem Licht gefallen sind, weil wir uns selbst nicht vertrauten und uns Gott und seiner allumfassenden Größe nicht ganz hingaben, befinden sich in diesen Hallen und warten darauf, Heilung zu finden und, in uns eingehend, zurückzukehren. Dies ermöglicht uns, das, was wir einst begonnen haben, zu Ende zu führen und altes Wissen auf die Erde zu bringen. Die Hallen sind der Menschheit heute erstmals in dieser Weise zugänglich.

Die Hallen von Amenti und die platonischen Körper

Die platonischen Körper sind Schlüssel zur Schöpfung, sie wirken auf atomarer und zellularer Ebene in allen Bereichen. Innerhalb der Hallen von Amenti können wir in den Hallen der Weisheit und der Halle der Blume des Lebens Erkenntnisse über das Wirken und die Kraft der platonischen Körper erlangen, die uns sonst nicht zugänglich wären.

In Atlantis waren die platonischen Körper die Schlüssel zur höchsten Quellebene. Sie wurden in allen Bereichen der Schöpfung eingesetzt. Platon, dessen Name diese Formen tragen, soll auf einer seiner geistigen Reisen in das alte Wissen von Atlantis eingeweiht worden sein. Rückverbindung ist der Schlüssel zur ewigen Lebensenergie, die durch alles pulsiert.

Wir sind frei, frei, ewig frei.

Vorgeschichte von Jeanne Ruland

Ich kam 1987 erstmals mit den Hallen von Amenti in Berührung. In einer geführten Meditation wurde ich mit diesen heiligsten Hallen des Universums bekannt gemacht. Diese Meditation war für mich die Öffnung in eine andere Dimension des Seins. Das, was damals mit mir geschah, hat sich in den vielen Jahren danach immer mehr in meiner Seele entfaltet.

Zwischenzeitlich wurde ich noch drei Mal auf ungewöhnliche Weise in diese Hallen gerufen. Beim letzten Mal, 2006, erhielt ich direkt in der großen Einweihungskammer der Cheopspyramide die Botschaft der Aufgestiegenen Meister und Meisterinnen, dass ich die Menschen dort hineinführen solle, damit sie die Einweihung, die ihre Seele einst begonnen hat, vollenden und so frei und unbeschwert in eine neue Dimension des Seins treten und ganzheitliche Erkenntnisse gewinnen können.

Ich bin mir bewusst, was diese Meditation auslösen kann, und habe sie deshalb von langer Hand und im Einklang mit den Wesen des Lichtes sorgfältig vorbereitet, um sie jetzt in die Öffentlichkeit zu geben.

Wir befinden uns auf dem Weg in eine globale Einweihung, in einem Umwandlungsprozess, der den gesamten Planeten betrifft. Wir können, wenn wir dazu bereit sind, unsere eigene Einweihung in einem geschützten und geführten Rahmen zu vollenden, zu Pionieren der Neuen Zeit werden.

Früher wurden in Tempeln und an heiligen Orten dieser Welt bestimmte Resonanzkammern errichtet. In diesen wurde ein Energiefeld aufgebaut, das den direkten Zugang zu seelischen und feinstofflichen Ebenen ermöglichte. Dadurch konnte das Erwachen in eine höhere Ebene stattfinden und damit die Auferstehung im Sein. Diese war zur damaligen Zeit nur für wenige Eingeweihte bestimmt.

Heute steuern wir durch die Abnahme des Erdmagnetfeldes auf die Frequenz dieser Einweihungshallen zu. Das heißt, wir erleben ein globales Erwachen und eine globale Einweihung, gleich, an welchem Ort wir uns befinden.

Jetzt, in dieser außergewöhnlichen Situation, wird es uns von der Geistigen Welt gestattet, diese Schritte zu unternehmen. Es muss eine Vision durch die Meditation vorgegeben werden, denn diese Vision ist für uns ein Weg und eine Stütze, um die Neue Zeit einzuläuten.

Menschen, die ihre Einweihung in früheren Zeiten nicht vollständig durchlaufen konnten, haben jetzt die Möglichkeit, das, was sie begonnen haben, zu Ende zu führen. Menschen, die Informationen benötigen, um ihren Lebensplan zu erfüllen, können jetzt den Weg des direkten Zugangs zur Quelle nutzen.

Möge all den Seelen, die durch diese Meditation geführt werden, viel Gutes widerfahren.

Meditationsablauf

Es ist empfehlenswert, diese Meditation mit zwei oder mehr Menschen zu erleben. Wählt einen Meditationsleiter, der den Text langsam, deutlich und mit Pausen an den entsprechenden Stellen vorliest und die anderen durch die Meditation führt.

Vorbereitung

Zur Vorbereitung gehört, den Raum zu reinigen, einen kleinen Altar herzurichten, Kerzen anzuzünden und für alle Teilnehmenden Wasser oder Tee bereitzustellen.

Auf dem Altar können stehen

* eine Kerze
* Teelichter in Behältnissen für alle Teilnehmenden
* frische Blumen
* die platonischen Körper
* die Blume des Lebens
* Bildnisse oder Symbole von Meistern und Meisterinnen des Lichtes
* Edelsteine und Kristalle
* eine Duftlampe mit einem angenehm zarten Duft
* Kerzen, die man allen Teilnehmenden nach der Meditation überreicht, damit diese das Erlebte zu Hause noch etwas nachwirken lassen können

Für alle Teilnehmenden empfiehlt es sich, bequeme und warme Kleidung sowie dicke Socken zu tragen und sich in eine Decke einzuhüllen, damit man sich geborgen und wohlfühlt. Auch eignet es sich, eine kurze Vorstellungsrunde abzuhalten.

Die Einweihung, die nun folgt, dauert etwa eine Stunde. Bereitet euch auf diese Zeit vor, indem ihr vorher leichte Kost zu euch nehmt und einen Gang zur Toilette in Erwägung zieht.

Zur Einstimmung und falls die Hallen nicht bekannt sind, kann der vorige Text über die Hallen von Amenti vorgelesen oder kurz von jemandem in eigenen Worten wiedergegeben werden. Während der Meditation kann eine heilige, tragende und unterstützende Musik im Hintergrund laufen.

Der Meditationsleiter zündet für jeden Menschen, der jetzt bereit ist, die Einweihung zu vollziehen, eine Kerze an. Trinkt zusammen noch einen warmen Tee, und klärt Fragen.

Der Meditationsleiter klärt und weiht den Raum

Wende zur Klärung und Weihung des Raumes die Wege und Methoden an, die dir vertraut sind und die von Herzen kommen.

Falls du eine Anregung wünschst, hier einige Möglichkeiten: Bereite den Raum der Einweihung auf besondere Art vor. Reinige ihn mit Raumspray, Klang- oder Räucherwerk.

Die Pyramide: Verstärke die Energie des Raumes mit einer Pyramide. Stelle dazu in allen vier Ecken des Raumes in gleichem Abstand kleine Pyramiden auf. Dies erhöht die Raumschwingung und schafft einen zusätzlichen Raum der Einweihung.

Das Violette Feuer der Transformation: Es reinigt die Raumenergie von aller Negativität. Du kannst es jederzeit zur Tat rufen, indem du folgende Worte sprichst: »Im Namen Gottes und meiner ICH-BIN-Gegenwart rufe ich die Violette Flamme zur Tat. Violette Flamme, lodere, lodere, lodere in, durch und um jedes Elektron, verwandle jede Schwingung in Licht, bis sie dem göttlichen Plan entspricht.« Stelle dir dabei vor, wie die Violette Flamme aus dem Boden schießt und sich spiralförmig im Raum verteilt. In ihrem Licht löst sich der gesamte energetische Müll auf. Visualisiere, wie der Raum rein, klar und strahlend wird und die Flamme nach getaner Arbeit wieder klein im Zentrum des Raumes leuchtet (unterstützend ist ein Wiener Walzer oder eine Musik mit einer spiralförmigen Melodie). Zusätzlich kannst du Raumspray verwenden.

Erzengel Michael und die blauen Legionen des göttlichen Schutzes und der göttlichen Führung: Bitte die Engel des Blauen Strahls, sich in jeder Ecke des Raumes und an den Eingängen zu positionieren, damit alles, was nicht vom Licht ist, gleich gereinigt wird, bevor es in den Raum eintritt.

Sprich: »Im Namen Gottes und meiner ICH-BIN-Gegenwart rufe ich die Engel des Blauen Strahls, die Legionen von Erzengel Michael und Lady Faith. Ihr Legionen von Erzengel Michael und Lady Faith, hüllt diesen Raum in ein blaues Licht des Schutzes, der göttlichen Führung und des göttlichen Willens. Positioniert euch an allen Eingängen, in den Ecken und an den Fenstern. Schneidet frei, schneidet frei, schneidet frei, was nicht vom Licht ist.«

Der Tempel aus Licht: Das Kraftfeld sollte stark, licht- und kraftvoll sein. Sprich drei Mal: »Im Namen Gottes, im Namen meiner mächtigen ICH-BIN-Gegenwart bitte ich darum, dass sich hier in diesem Raum eine Pyramide (ein Tempel) aus Licht mit der Kraft von 1000 Sonnen aufbaut. In diesem Raum errichtet sich ein Tempel aus Licht. Funkelnd, strahlend, leuchtend, hell.« Laufe dabei im Uhrzeigersinn, um den Raum aufzubauen, und visualisiere so klar und deutlich wie möglich, wie sich der Tempel aus Licht errichtet.

Ladet anschließend in der Gruppe die Wesen des Lichtes in diesen Tempel ein mit den Worten: »Wir laden die Schutzengel, unsere persönliche Seelengruppe, die Meister und Meisterinnen des Lichtes und der Hallen von Amenti ein, die uns heute begleiten und führen, damit nach höchstem Willen das geschehen kann, was für unsere Seelen jetzt wichtig ist.«

Die Meister der Hallen von Amenti sind Toth, Melchizedek, Christus (Sananda), alle Wesen, die zum Isis-, Horus- und Osirisorden gehören, Serapis Bey, unbekannte Meister und Wächter, die die Reise in die Hallen von Amenti begleiten. Dazu gehören auch die Meister und Meisterinnen, mit denen der Meditationsleiter in Verbindung steht und die diese Meditation von geistiger Ebene anleiten.

Wenn wir nichts Heiliges einladen, kann auch nichts Heiliges entstehen.

Energetische Reinigung der Teilnehmenden mit dem Violetten Feuer: Bittet in der Gruppe die Violette Flamme durch euch zur Tat zu schreiten. Die Violette Flamme lodert aus den Handchakras. Legt eure Hände auf euer Herz. Dann beginnt vom Herzen aus,

* mit einer Hand den oberen Arm bis zur Hand abzustreifen,
* die Innenseite des Arms abzustreifen,
* an der Seite bis zu den Füßen hinunter den Körper abzustreifen,
* um die Füße herum und an der Innenseite des Beines entlang,
* an der Mittellinie hoch, bis ihr wieder beim Herzen angelangt.
* Spürt drei Mal nach, und wechselt dann die Seite.

Danach folgt die Herzöffnung. Reinigt euch mit der Violetten Flamme. Je reiner und klarer die Kanäle sind, desto höher ist die Schwingung, die gelenkt werden kann. Bittet um goldenen Segen für das Wirken. Bittet die Wesen des Rosa Lichtes, die Herzen weit wie eine Blüte oder einen Lotos zu öffnen und zu reinigen, damit ihr die inneren Botschaften empfangen könnt.

Begrüßung und der Grund, warum alle zusammengekommen sind

Der Meditationsleiter spricht: »Die Hallen von Amenti sind die größten Einweihungskammern der Erde. Jeder Mensch, der dazu bereit war, die Mitschöpferkraft und Unsterblichkeit seiner Seele anzuerkennen, wurde hier in diesen Hallen eingeweiht. Mache dir keine Sorgen. Die Meister selbst werden dich einweihen.« Der Meditationsleiter fragt, ob jemand eine Decke braucht oder auf die Toilette gehen möchte.

(kleine Pause)

Anschließend kann sich der Meditationsleiter auf die Einweihung vorbereiten, indem er meditiert und sich auf die Meister und Meisterinnen einstimmt, die ihn jetzt führen.

Die Begleitmusik kann nun eingeschaltet werden.

Der Meditationsleiter beginnt und spricht

Werde nun still, und stimme dich auf die bevorstehende Einweihung ein. Du bist heute hier, weil du den Weg der Selbstmeisterung bereits beschritten hast.

(Pause)

Schließe deine Augen. Fokussiere dich auf deine Atmung. Mit deinem ersten Atemzug hast du Ja zum Leben gesagt, und das Leben hat Ja zu dir gesagt. Hättest du nicht geatmet, so hätte dich keine Macht der Welt in dieses Leben erwecken können. Mit dem ersten Atemzug hast du dich mit der Schöpfung verbunden und die Schöpfung sich mit dir. Du bist von der Schöpfung gewollt und geliebt.

Atme jetzt bewusst ein und aus. Fühle, wie du mit jedem Atemzug tiefer in dich hineinsinkst und bereit bist, dich zu öffnen. Fühle, wie du mit jedem Atemzug Lichtenergie in dich aufnimmst. Mit dem Einatmen nimmst du Licht auf, mit dem Ausatmen strömt das Licht in dein Energiefeld, und so beginnt es, immer heller zu strahlen.

(Pause)

Betritt nun den Platz, den das Leben dir geschenkt hat, und bekräftige das Ja zum Leben. Bitte sprich ein lautes »Ja«. Nun sieh den Platz, der dir vom Leben gegeben wurde, vor dir. Tritt in das Zentrum deines Platzes, und genieße ihn. Auf diesem Platz bist du richtig. Du kannst nun dein Energiefeld ausdehnen, dich öffnen und fühlen, wie sich dein Lichtkörper aufbaut und sich dein Licht ausdehnt.

(Pause)

Sieh, wie dein Seelenlicht funkelt und sich strahlend, leuchtend und hell ausdehnt. Öffne dein Herz für die Liebe zu allem Leben, die in dir wohnt, dich umgibt und immer da ist. Sie trägt dich, sie hüllt dich ein, sie leuchtet in dir, und sie umgibt dich. Mit jedem Atemzug kannst du das Licht und die Liebe einatmen. In diesem Augenblick kannst du lieben. Liebe braucht keinen Grund.

Du spürst die fünfte Kammer in deinem Herzen. Sie beginnt, zu glühen und aufzublühen wie ein Lotos. Lasse den Lotos sich in deinem Herzen entfalten und die ewige Flamme der Liebe erglühen. Spüre das geistige Wesen in dir. Erkenne dein Selbst. Sieh, wie sich Licht in deinem Herzen ausbreitet und dein ganzes Sein erfüllt. Alles, was du bisher festgehalten hast, kann nun einfach hinfortgespült werden. Genieße das Fließen deiner Lebensenergie. Fühle, wie alte, verbrauchte Energie dein Sein verlässt und neue, frische, strahlende Lebensenergie nachfließt. Das strahlende, funkelnde Licht deines Selbst flutet dein Herz, und alles, was du bisher festgehalten hast, wird einfach fortgespült. Genieße das Gefühl des Daseins, den gegenwärtigen Moment und die Größe, die bereits in dir ist.

Ein goldener, gleißender Lichtstrahl aus der Sonne beginnt, dein ganzes Sein einzuhüllen. Du fühlst, wie du heller, leuchtender und klarer wirst. Nimm deine Energiestruktur wahr, und spüre, wie sie immer kristalliner, immer reiner, immer strahlender und immer heller wird. Nimm nun Kontakt mit dem Licht von Mutter Erde auf. Tief in ihrem Inneren leuchtet und strahlt das Licht der Blume des Lebens. Spüre, wie dieses Licht jetzt aus dem Herzen der Erde dein Sein erfüllt. Fühle nun das Licht von Vater Sonne. Auch dieses Licht durchströmt dich. Die Liebe von Vater und Mutter fließen durch dich, werden zu einem Licht und segnen dich.

Einatmend: Das Segenslicht der Sonne fließt spiralförmig in dich hinein.
Ausatmend: Das Licht fließt durch das Basischakra in die Erde bis zur Blume des Lebens.
Einatmend: Das Segenslicht der Erde fließt über das Basischakra in dich hinein.
Ausatmend: Es fließt über dein Kronenchakra spiralförmig in die Sonne.

(3 x, dann kurze Pause)

Aus dem Regenbogen der Schöpfung lösen sich nun die Farben, die für deine Einweihung wichtig sind. Welche Farben sind es? Lasse dich von ihnen durchdringen und einhüllen wie in eine warme, weiche Decke, bis du dich ganz offen und geborgen fühlst, bereit für diesen neuen Schritt in deinem Leben.

(Pause)

Bitte auf deine Weise deine geistigen Helfer zu dir. Du fühlst nun die Anwesenheit strahlender Lichtwesen. Begrüße sie auf deine Weise.

(Pause)

Der Klang der Einweihungshalle ist das A, der Herzton. Lasse ihn nun über deine Lippen fließen. Dein Ton ist die Schwingung der Heilung.

(Intonieren des Tons A)

Fühle wieder die geheime Kammer in deinem Herzen. Sie ist weit offen. Du kannst nun durch das Tor in deinem Herzen gehen. Du fühlst, wie du dich immer mehr in den unendlichen Raum ausdehnst.

Du betrittst deinen Seelengarten in deinem Herzen. Dies ist ein Raum in deinem Inneren, in dem du sicher, gut aufgehoben und geborgen bist. Du nimmst die Anwesenheit deiner geistigen Helfer wahr. In ihrer Gegenwart bist du geliebt, behütet und fühlst dich zutiefst verstanden. Fühle ihren Segen und ihre Zustimmung für die Einweihung, die dir heute bevorsteht.

Betrachte dein Seelenkleid. Schaue an dir hinunter. Wie sieht es aus? Ist es zerschlissen, verschmutzt oder noch strahlend?

(Pause)

Du darfst dieses Kleid jetzt ablegen und so, wie Gott dich erschuf, in eine sprudelnde, warme Heilquelle steigen. Du bist ein wunderschönes Wesen. Lasse dich von diesem Heilwasser umspülen, tragen, heilen. Fühle und sieh, wie all deine seelischen Wunden ausgewaschen werden und der Dreck der Vergangenheit fortgespült wird. Das Heilwasser hat hervorragende Qualitäten, es fördert die Selbstheilungskräfte. Wunde Stellen beginnen, sich zu schließen, Zellmuster im Gewebe beginnen, sich zu erneuern, und deine Lichtsubstanz beginnt, zu schwingen und zu strahlen. Nimm diese Heilkraft tief in dich auf. Deine geistigen Helfer stehen dir zur Seite, um dir behilflich zu sein. Sie berühren die Stellen an deinem Rücken, an die du nicht kommst.

Dinge, die in deinem Geistkörper feststecken und dort nicht hingehören, werden mithilfe der geistigen Helfer sanft entfernt. Nimm diese Heilkraft tief und ganz bewusst in dich auf. Du erlebst eine umfassende Reinigung und Heilung auf allen Ebenen deines Seins.

(Pause)

Es wird Zeit, aus der Quelle zu steigen. Du fühlst dich erfrischt und aufgeladen und weißt: ALLES IST GUT. Dein Energiekörper ist gestärkt, und die Selbstheilungskräfte sind aktiviert. Lasse dich jetzt ölen und salben. Deine Füße und deine Stirn werden gesalbt. Du wirst auf deine Einweihung vorbereitet.

Deine Engel reichen dir ein neues Seelengewand, das zu deiner Schwingung passt. Es ist leicht, schön und genau das, das jetzt für dich bestimmt ist. Du ziehst dieses neue Seelengewand an und spürst, wie du dich schön, frisch und wohlfühlst. Welche Farbe hat es? Wie sieht es aus? Du spürst Wertschätzung, Ehrung und die königliche Würde deiner Seele, die beginnt, sich in ihr wahres Sein zu entfalten. Du fühlst dein königliches, göttliches Blut und richtest dich auf in die Größe deines wahren Wesens. Erinnere dich.

Nun bist du dazu bereit, die Einweihung zu vollziehen. Deine geistigen Helfer nehmen dich an die Hand. Fühle, wie du langsam nach oben gezogen wirst, und genieße den leichten, schwebenden Flug deiner Seele.

Nach kurzer Zeit tauchen unter dir die Pyramiden von Gizeh auf. Du erkennst von oben das Spiraltor, gebildet aus den drei Pyramiden. Du nimmst wahr, wie du in der wunderschönen spiralförmigen Bewegung des Goldenen Schnitts nach unten geleitet wirst und sanft mit deinen lichtvollen Helfern am Eingang der Sphinx landest. Zum ersten Mal erblickst du aus der geistigen Sicht dieses mächtige und ungeheure Dimensionstor der Erde. Du erkennst dieses Sternentor, die Würde und Kraft, die es ausstrahlt. Zwischen zwei Sphinxen, einer im sichtbaren und einer im unsichtbaren Bereich, bahnt sich ein Weg, und du weißt, es ist Zeit, den Weg in diese heilige Stätte zu gehen.

Viele geistige Wesen sind heute gekommen. Schaue, wer da ist, wer gekommen ist, um dich heute auf diesem Weg zu unterstützen und mit dir das Licht zu halten. Begrüße die Anwesenden. Sie nicken dir anerkennend und aufmunternd zu, bestärken dich darin, den Weg deiner Kraft zu gehen. Du spürst die Würde in dir, und würdevoll aufgerichtet schreitest du voran, in dem Wissen, dass du heute hier an diesem Ort vollkommen richtig bist und die Kraft hast, die bevorstehende Einweihung zu meistern.

Am Tor befinden sich zwei wunderbare Elohim. Du wirst gefragt, ob du bereit bist, die Hallen der Einweihung zu betreten. Wenn du bereit bist, lege eine Hand auf dein Herz, und antworte aus deiner Mitte mit einem deutlichen »Ja«.

Nun wirst du an den Eingang der Großen Pyramide geführt. Eine schmale Treppe geht nach unten. Der Gang ist sehr niedrig. Du verbeugst dich innerlich und äußerlich bewusst vor den alten Meistern und Meisterinnen der Weißen Bruderschaft. Du fühlst, wie du bei der Verbeugung deinen Geist in den Dienst der höheren Weisheit deines Selbst stellst.

Unten angekommen, weißt du, dass du dich jetzt in den großartigen Hallen von Amenti befindest. Weil du diesen Hallen mit Achtung und Respekt begegnest, öffnen sich dir die Türen in den untersten Raum.

Kammer der Angst – dunkle Nacht der Seele

Dieser Raum wird von reinem, schwarzem Licht durchflutet. Hier erfährst du, was dich davon abhält, den Raum der Unendlichkeit zu betreten. Diese Kammer wird von einem Hüter des Karmischen Rates bewacht. Am Rande leuchtet das Violette Feuer der Transformation, eine der wenigen Strahlenkräfte, die in der Tiefe der Erde verankert sind und spiralförmig aufsteigen.

Der Hüter nickt dir zu. Er zieht einen dunklen Schleier beiseite, hinter dem sich ein Schattenspiegel befindet, der wie ein großer Bildschirm wirkt. Das Bild beginnt zu flackern, und du erkennst darauf deine größte Angst. Lasse das Bild ganz entstehen. Der Hüter des Karmischen Rates zieht aus violett flammendem Licht eine liegende Acht um dich und den Schattenspiegel, sodass die Grenzen gewahrt und klar bleiben. Du stehst in einem Kreis der liegenden Acht, einem Kreis aus kleinen, tanzenden und schützenden violetten Flammen. Der Schattenspiegel mit der größten Angst, die in deiner Seele aufgrund deiner irdischen Erlebnisse entstanden ist, befindet sich im anderen Kreis der Acht. Du fühlst, wie du diesen Dingen klar, ruhig und gelassen begegnen kannst. Betrachte deine größte Angst in dem Wissen, dass du jetzt die Gelegenheit erhältst, dich von ihr zu befreien.

(Pause)

Alle unguten Verbindungen, die noch bestehen, bauen sich nun auf. Sie leuchten im Raum und sind mit deinem Energiekörper an bestimmten Stellen verbunden. Schaue, wo in deinem Energiekörper sie sitzen.

(Pause)

Alle unguten Verbindungen dürfen jetzt gelöst werden. Sanft beginnt der Hüter, diese Stricke, Fesseln und Haken aus deinem Energiekörper und aus dem Energiefeld deiner größten Angst zu ziehen.

Du merkst, wie du mit jeder Lösung heller, größer und lichtvoller wirst. Auch dein Schattenspiegel beginnt, sich zu verändern, und zeigt die Erlösung.

Alle unguten Verbindungen werden gelöst und in das Violette Feuer der Transformation gegeben. Du spürst, wie du immer besser loslassen kannst. Atme alles Alte aus, löse es mithilfe des Hüters aus deinem Energiefeld. Nimm wahr, wie du kraftvoller wirst und wie dein ewiges Selbst über die endlichen, dich begrenzenden Erfahrungen, die dich bisher gefangen hielten, siegt.

(Pause)

Es ist geschafft. Du bist frei, frei, ewig frei. Die liegende Acht wird in der Mitte getrennt. Es entstehen zwei Kreise, die frei im Raum schwingen und in einem Abstand, der für beide gut ist, zur Ruhe kommen. Sieh, wie sich deine tiefste Angst jetzt in diesem Raum auflösen kann und der Raum klar wird.

Schleier des Vergessens

Bist du bereit für den nächsten Schritt? Der Schleier des Vergessens wird beiseitegezogen, und durch einen langen schmalen Gang betrittst du die nächste Halle. Hier wird deine Seele gewogen. Ist sie leicht wie eine Feder, darfst du einen Moment lang ruhen, bevor es für dich weitergeht.

Ist sie hingegen schwer wie Blei, so ist es jetzt an der Zeit, alles abzulegen, was nicht zu dir gehört, was du für andere getragen hast und wobei du nicht der Stimme deines Herzens gefolgt bist. Lege nun alles ab, was dich so schwer gemacht hat.

Leichtigkeit und Freude sind die Schwingungen der lebendigen, ewig pulsierenden Energie, die dich in den Hallen trägt. Prüfe deine Seele. Befindet sich in ihr noch irgendwo eine Schwere? Nimm nun alle Päckchen, Bürden und Lasten von deiner Seele, und gib sie ab. Sie werden ebenfalls in das Feuer der Transformation gegeben. Wisse, dass du jetzt alles, was dich so schwer gemacht hat, loslassen kannst.

(Pause)

Wenn deine Seele leicht und all der alte Ballast gelöst ist, erhältst du eine Fackel. Du nimmst diese Fackel, und du spürst voller Freude … du bist ein Lichtträger … es erfüllt dich mit Glück.

Du durchschreitest einen langen dunklen Gang und erreichst die Hallen der Einweihung. Spüre, wie jeder deiner Schritte in dem dunklen Gang sicher, kraftvoll, leicht und voller Schwung ist. Die ersten Stufen hast du nun gemeistert. Freude und Erleichterung erfüllen dich und verleihen dir ein charismatisches Strahlen.

Die Hallen der Meister und Meisterinnen

Du wirst nun in die Hallen der Meister und Meisterinnen geführt. Sie treffen sich hier seit Äonen. Einige sind dir vertraut, andere hast du noch nie zuvor gesehen. Du trittst vor die große Gemeinschaft der mächtigen Lichtwesen. Ehrfurcht und Würde durchfluten dein Wesen. Dein Name wird aufgerufen. Du trittst vor. Die Meister und Meisterinnen, die mit dir verbunden sind und dich auf der geistigen Ebene anleiten, schreiten auf dich zu. Würdevoll verneigt ihr euch voreinander. Sie weihen dich ein und segnen dich. Sie überreichen dir Seelenanteile mit kraftvollen Eigenschaften, die in dein Energiefeld gegeben werden, und Kräfte in Form von Symbolen und Gegenständen, die einst zu deinem Wesen gehörten. Alte, vertraute Erinnerungen erwachen in deinem Lichtgedächtnis.

(längere Pause, damit alle das, was jetzt für jeden oder
jede wichtig ist, erleben können)

Du wirst befähigt, wieder mit diesen Kräften zu arbeiten. Du hast jetzt die Gelegenheit, Fragen zu stellen und mit deinen Meistern und Meisterinnen zu wirken.

(Pause)

Willkommen im Kreise der Eingeweihten. Bist du bereit, deine Fähigkeiten wieder anzunehmen und die Kräfte, die dir einst zur Verfügung standen, zu aktivieren, so antworte mit einem lauten »JA, ich bin bereit«. Du fühlst ganz neue und doch altvertraute Energien in dich einströmen.

(Pause)

Dein Meister oder deine Meisterin nimmt sich deiner an und führt dich nun tiefer in die Hallen von Amenti.

Die Hallen der Weisheit

Nun wirst du in die Hallen der Weisheit geführt. In einem unendlichen Raum, der weder hell noch dunkel ist, kannst du in der Akasha-Chronik lesen. Alles, was je war, ist und sein wird, ist in diesen Hallen in Licht geschrieben. Du wirst zu einem Platz der Ruhe geführt.

Werde ruhig, fühle, wie sich deine Emotionen beruhigen und still werden wie ein klarer See, du bist nun bereit, neue Visionen und Erkenntnisse zu empfangen. Formuliere in Gedanken eine Frage, auf die du dir eine Antwort wünschst.

Es dauert nicht lange, bis ein grün phosphoreszierendes Licht zu flimmern und zu leuchten beginnt und die Antwort in Form von kleinen Filmen, Bildern, Symbolen oder Worten in den Raum projiziert. Das Licht der Weisheit kann viele Formen annehmen. Lasse entstehen, was jetzt entstehen will. Das Licht spricht zu dir und kommuniziert mit deiner Seele. Nimm diese neuen Lichtinformationen auf. Lasse sie tief in dich hineinfließen. Manchmal wird eine Information in die Seele eingespeist, die wir noch nicht verstehen. Sie offenbart sich dann mit der Zeit.

(Pause)

Nun wirst du noch in die Schöpferkraft des gesprochenen Wortes eingewiesen. Zuerst lässt du ein wohlwollendes Wort erklingen. Spüre die Schwingung und die Energie dahinter. Wähle ein weiteres wohltuendes Wort … Betrachte die energetische Form der Schwingung.

Nun wähle ein Wort mit einer negativen Schwingung, und betrachte das Bild hinter diesem. Erkennst du die energetische und feinstoffliche Kraft des Wortes?

Bedanke dich für diese Erfahrung in den Hallen der Weisheit. Dein Meister oder deine Meisterin winkt dir zu, und die Reise geht weiter.

Die Hallen des Todes

Du beschreitest nun die Hallen des Todes. Der Torweg zum ewigen Leben führt durch diese Hallen. In ihnen sitzt eine große verschleierte Gestalt, die dir wohlvertraut ist – finsterer als die dunkelste Nacht. Du darfst eintreten und Platz nehmen.

Die verhüllte Gestalt des Todes zieht einen dunklen Schleier beiseite, und vor dir enthüllen sich Milliarden von Lebenslichtern. Sie hüpfen, brennen, flackern, leuchten und strahlen. Einige sind wie kleine Lichtfunken, andere wie

Leuchtfeuer. Der Raum ist erfüllt von Licht und Leben. Lebenslichter werden hier gehütet, sie leuchten, strahlen, funkeln, flackern und erhellen den ganzen Raum.

Eines dieser Lichter ist dein Lebenslicht. Du fühlst augenblicklich die Verbindung zu deinem Seelenlicht. Schaue es dir an.

Alle diese Lichter werden aus den Funken der ewigen Flammen gespeist und können niemals erlöschen. Sie tanzen über eine riesige Weltkarte – überirdisch, unterirdisch, ewig. Sie wirken wie ein Sternenhimmel, der im unendlichen Raum leuchtet, funkelt und strahlt. Für einen Moment ist dir, als schautest du von den Sternen auf die Erde und als sei das Licht, das gerade dorthin gesandt wurde, auf der einen Ebene schon Vergangenheit und auf einer anderen Ebene noch Zukunft – gleichzeitig, untrennbar.

Wenn Menschen die Dimensionen wechseln, sieht es aus, als erlösche ihr Seelenlicht. In Wirklichkeit wird ihr Licht vorübergehend in andere Bereiche und Dimensionen verschoben. Der Tod kommt. Er verweilt nicht. Das ewige Leben existiert allein.

Ein Licht leuchtet wie ein Stern am Abendhimmel. Es blinkt und funkelt dich an. Es ist dein Lebenslicht. Du spürst dein Licht gleichzeitig weit oben und ganz tief in dir. Berühre dein ewiges Seelenlicht mit der Liebe in deinem Herzen, und schaue, wie es noch mehr funkelt, strahlt, sich ausdehnt und leuchtet. Du weißt nun, dass der Funke in deinem Herzen ewig brennt und niemals erlischt. Er kann sich mit dem ewigen Licht vereinen und den Tod überwinden. Das Leben ist unsterblich, der Tod ist eine vorübergehende Erscheinung, ein Tor zwischen den Dimensionen. Er selbst entspringt dem Licht.

Dir wird das Ankh überreicht, der Schlüssel der Übergänge. Dieser Schlüssel ermöglicht dir ein Bewusstsein jenseits von Tod und Leben.

Du beginnst, bewusst und willentlich Schöpfer deiner Lebensumstände zu werden. Du bist fähig, deinen Körper niederzulegen und als Seele, als Wesen des ewigen Lichtes, in die Dimensionen jenseits von Zeit und Raum zu reisen. Du bist nun bereit, dich dem größten Mysterium des Lebens zu öffnen und die Unsterblichkeit deiner Seele zu erfahren. Nimm die Freiheit, die Größe und die Weite wahr – die Möglichkeiten des Lebens.

(Pause)

Die Hallen der Zyklen

Die Hallen der Zyklen, in denen sich das Rad des Lebens ewig dreht, sind eng verbunden mit den Hallen des Todes und denen des Lebens. Hier webt sich das Lebensmysterium zwischen den Welten und jenseits der Zeit. Du erkennst, wie weitreichend Taten, Worte und Erlebnisse in andere Leben hineinwirken können. Du begreifst, dass sie jederzeit erlöst werden können und neue Erfahrungen im Leben dadurch möglich werden. Du kannst wählen, weil dein Weg zwar festgeschrieben steht, dies jedoch in unendlichen Variationen und Möglichkeiten.

Die Halle der Blume des Lebens

Nun gelangst du in das Zentrum des Seins. Eine weitere Halle öffnet ihr Portal. Die Halle der Blume des ewigen Lebens. Die Blume des Lebens funkelt, leuchtet und strahlt in der Mitte des Raumes. Sie ist das ewige Seelenfeuer, die Uressenz, die vollständige Lebenskraft. Wer diese Halle betritt, ist bereit, sein Schöpferpotenzial voll und ganz wieder anzunehmen.

Um die Blume herum stehen Throne, die von dieser machtvollen Ausstrahlung durchflutet werden. Nimm Platz auf einem der Throne. Lasse dich von der mächtigen Strahlung des ewigen Lichtes erfüllen. Spüre die Zeitlosigkeit dieses Raumes. Leuchtend, funkelnd, strahlend und hell berührt sie den unsterblichen Kern in dir und weckt die Erinnerung an das göttliche vollkommene Sein. Wie ein vollkommener Ton alles in seiner Umgebung in heilende Schwingung versetzt, so berührt dieses Licht das Licht deiner Seele, füllt es an und lädt es auf.

Lasse geschehen. Fühle, die Quelle der ewigen Weisheit, das Licht des Lebens, ist in dir. ICH BIN DIE AUFERSTEHUNG UND DAS LEBEN. Geflutet von diesem Licht, verbunden mit dem ewigen Leben, erwachst du in dein vollkommenes Sein. Verweile im Augenblick des Friedens.

(Pause)

Etwas wird tief in dein Herz gelegt, etwas, was mit deinem ursprünglichen Seelenplan in Verbindung steht. Schaue, was es ist.

Du wirst sanft von einem Lichtwesen berührt: »STEHE AUF, UND WANDLE. Wir geben dir nun die wunderbare Kraft, dein Leben in Eigenverantwortung aus deiner Kraft und Anbindung heraus zu gestalten.«

Du spürst einen starken Lebensstrom in dir. Eine Lichtsäule baut sich um dich herum auf. Du kannst nun schauen, wie viel Lebenskraft du hast – 1 ist wenig, 10 ist vollständig.

Wenn du in dem Bereich über 7 liegst, kannst du Heilenergie aussenden. Vor dir bildet sich ein Kreis aus der Blume des Lebens. Dieser ist angefüllt mit Lebenskraft. Bitte nun deinen Engel, dass der- oder diejenige in dem Kreis erscheint, der oder die mit einer Lichtübertragung einverstanden ist. Das Energiefeld füllt sich mit Licht und wird wieder angeschlossen. Vielleicht zeigen sich noch ein paar Bilder. Nimm an, was dir gezeigt wird.

(Pause)

Das Bild verblasst vor dir, und du weißt, es ist getan. Du fühlst: ICH BIN Gottes Licht in Tätigkeit.

(Pause)

Die platonischen Körper lösen sich aus der Blume des Lebens. Sie wirbeln durch dein Sein, um dich vollkommen neu auszubalancieren. Vielleicht bleibt einer oder mehrere der platonischen Körper bei dir, weil sie in deinem Leben jetzt wichtig sind, um auch dort die Balance herzustellen. Dankbar nimmst du ihn oder sie an. Schaue, in welcher Farbe und Energie sie schwingen und an welche Stelle in deinem Lichtkörper sie wirken wollen. Sie werden bei dir sein, solange es notwendig ist, und die Elemente in dir heilen und ins Gleichgewicht bringen.

Es ist nun an der Zeit, zurückzukehren. Du spürst das Leuchten der Ewigkeit in dir. Du bist gesegnet. Bevor du nun zurückgehst, wirst du in einen Raum geführt. Hier wird dir der nächste Schritt, der in deinem Leben ansteht, gezeigt. Was gibt es zu wandeln? Wie willst du dein Leben lichtvoll verändern? Lasse ein Bild in deinem Herzen entstehen. Nimm an, was dir nun gezeigt und gesagt wird.

(Pause)

Du erhältst eine Segnung. Ein goldener Strom aus Licht umhüllt und durchdringt dich.

(Wenn du möchtest, kannst du als Meditationsleiter die Stirn aller Anwesenden mit ein wenig Öl benetzen.)

Nun ist es an der Zeit, diese heiligen Hallen der Einweihung zu verlassen. Du bedankst dich. Öffne deine Hände. Dein Meister oder deine Meisterin gibt dir ein Geschenk, das du in deinem Herzen mitnehmen kannst. Es ist direkt mit der Energie von ihm oder ihr verbunden, und du kannst durch dieses Geschenk unverzüglich mit ihm oder ihr in Kontakt treten.

Es ist Zeit, Abschied zu nehmen. Verabschiede dich so, wie du es in deinem Herzen fühlst. Dein Schutzengel erscheint und begleitet dich zurück.

Am Ausgang erwarten dich viele Menschen. Sie gratulieren dir und freuen sich, dass du wieder da bist. Viele der Wesen haben lange auf genau diesen Zeitpunkt deiner Rückkehr gewartet. Du fühlst, du bist bereit. Du bist wieder da. Du wirst umjubelt, geliebt und geherzt. Lasse dich feiern.

(Pause)

Abschluss

Deine Engel nehmen dich sanft mit, und du wirst zurück in deinen Seelengarten und von dort aus in deinen physischen Körper gezogen. Du fühlst die neue Energie und Strahlenkraft, die in dich eingegangen ist. Du spürst, wie dein physischer Körper von dieser neuen Strahlenkraft durchflutet und durchlichtet wird. Alte Informationen werden in Lichtgeschwindigkeit gelöscht. Du fühlst, wie du auf zellularer und atomarer Ebene in einem neuen Licht erstrahlst. Dankbarkeit und Freude breiten sich in dir aus.

Strecke und rekele dich, öffne langsam deine Augen, und komme wieder vollständig hier an.

Nimm dir Zeit, um dir alles, was dir in Erinnerung geblieben ist, zu notieren. Wisse, dies ist jenseits des Verstandes auf der atomaren und zellularen Ebene geschehen. Das Licht, das in dich eingegangen ist, wird sich wie ein Samenkorn immer stärker in deinem Sein offenbaren und entfalten. Wenn du möchtest, kannst du die für dich wesentlichste Erfahrung dieser Reise mit den anderen teilen.

Wisse, es ist geschehen. Mögest du gesegnet sein und deinen Plan, nach dem du angetreten bist, erfüllen.

Hinweis: Diese Einweihung kann zu einem späteren Zeitpunkt ein weiteres Mal durchgeführt werden.

Schlusswort

»Das Staunen ist der Anfang der Erkenntnis. [. . .]
Der Beginn ist der wichtigste Teil der Arbeit.«
Platon

Uns, Gudrun Ferenz und mir, haben sich viele neue Erkenntnisse in der Arbeit mit den platonischen Körpern offenbart, und es gibt noch so viel zu hinterfragen und zu erforschen. Einiges hat uns in der Arbeit mit den platonischen Körpern zum Staunen gebracht und uns auf ganz neue Weise für das Wunder der Schöpfung geöffnet. Wir haben eine weitere Stufe der Liebe und Präsenz einer ewig gültigen Kraft erfahren, deren Teil wir sein dürfen.

Jede Erkenntnis hat neue Fragen aufgeworfen, auf die vielleicht in der nächsten Zeit Antworten gefunden werden.

In einer Vision sah ich, Jeanne, wie sich die platonischen Körper mit den lebendigen Elementen wieder auf vollkommene Weise vereinten. Die reinste Form des Feuers fiel in die Feuer der Erde, die reinste Form des Wassers wirbelte durch die Wasser dieser Erde in alle Lebensströme, die reinste Form der Erde wurde stabil, klar und auf einer globalen Ebene neu strukturiert, die reinste Form des Äthers verband alles, was einst aus dem Gleichgewicht geriet und getrennt wurde. Es kam mir vor wie ein Schlüssel-Schloss-Prinzip, das in der Vereinigung neue Türen öffnet. Mir war, als sei auch hier vormals ein Ungleichgewicht entstanden. Himmel und Erde wurden nun wieder eins, und der Riss, der einst entstanden war, begann, zu heilen.

Diese Vision hat uns dazu bewogen, das Buch in einem Gleichgewicht zwischen der männlich-geistigen Sichtweise in Form von Fakten und der weiblich-empfangenden Sichtweise in Form von Erfahrungsberichten zu schreiben.

Wir möchten dich, liebe Leserin, lieber Leser, dazu ermutigen, beherzt und offen an diese Ehrfurcht gebietenden Formen heranzugehen, deiner Wahrnehmung und deinen Empfindungen zu vertrauen, damit die Schöpferkraft, die in einer harmonischen, gleichwertigen Verbindung der beiden Kräfte entsteht, heilen und sich wieder aufbauen kann.

Ich träumte viel von den platonischen Körpern und fühlte, wie das Wissen um sie immer mehr in mich einging. Es erfüllt mich mit Freude und Glück, und es erscheint mir auf eine bestimmte Art und Weise sehr vertraut.

Das Wissen um die platonischen Körper wurde in den meisten Fällen von Männern gehütet. Zu Platons Zeiten waren Frauen in den inneren Kreisen nicht zugelassen. Platon behandelte diese Körper eher abstrakt als praktisch anwendbar. Sie dienten der Schulung des Geistes und der Ausrichtung auf die Vollkommenheit der Schöpfung.

In weiteren Meditationsreisen erlebte ich, dass diese Formen zu Zeiten von Atlantis von Frauen und Männern gleichermaßen gehütet und für bestimmte Zwecke auf allen Gebieten bewusst eingesetzt wurden. Sie waren nicht nur abstrakte, mathematische geistliche Prinzipien, sondern Grundprinzipien der Schöpfung, die alle Ebenen in sich vereinten und in Harmonie brachten. Diese Formen waren beseelt und fanden sich in vielen natürlichen Mustern wieder. Die Musterkunde und das streng gehütete Geheimnis der Grundmuster im Schamanismus (der zur weiblichen Form der Erkenntnis zählt) zeigen, dass wir diese Formen auch ganz praktisch in der Natur erkennen und zur Heilung anwenden können. Ich frage mich, wann das weibliche Prinzip von dem männlichen abgespalten wurde und warum, denn ich fühle, dass dies ein Schlüssel ist.

Die Arbeit ist noch lange nicht beendet. Wir haben in diesem Buch das zusammengetragen, was wir bis zum heutigen Tag über die Heilige Geometrie erfahren haben. Dieses Wissen hat sich ein Stück tiefer in uns verankert, und wir werden die Arbeit mit den platonischen Körpern fortsetzen und weiterentwickeln.

Wir wünschen uns, dass viele Menschen durch dieses Buch ganz neue Erkenntnisse und Einsichten gewinnen und dass vielleicht auch das Wissen um die platonischen Körper ganz praktisch für neue Technologien im Einklang mit der Natur und der freien Energie eingesetzt wird. Wir freuen uns über Berichte und Rückmeldungen.

»Denken, was wahr, fühlen, was schön,
und wollen, was gut ist: darin erkennt der Geist
das Ziel des vernünftigen Lebens.«
Platon

Danksagung

Zuerst möchte ich den Meistern und Meisterinnen des Lichtes danken, die mich auf der inneren Ebene führen und mich für dieses Gebiet geöffnet haben. Ich möchte all meinen irdischen Lehrerinnen und Lehrern für die Öffnung und Wissensvermittlung auf vielerlei Weise danken.

Ich danke Gudrun Ferenz für die gute Zusammenarbeit, den Respekt, die Achtung und den Austausch, die die Grundlage für dieses Werk gebildet haben. Danke, liebe Gudrun, für deine Liebe, für das Öffnen deiner Räume und für die Erfahrungen, die durch unsere Zusammenkunft entstanden sind. Danke für die platonischen Körper. Ohne dich wäre dieses Werk nicht in die Welt gekommen.

Weiter danke ich den Verlegern Heidi und Markus Schirner. Dir, liebe Heidi, sei Dank für deine Vermittlung. Ich danke dir, liebe Tamara Kuhn, für die Projektleitung und deinen wunderbaren Einsatz bei der ersten Ausgabe dieses Buches. Ebenso danke ich Klaus-Dieter Baumann. Ein herzliches Dankeschön auch an Michael Zuch für Buchsatz und Gestaltung der Erstausgabe.

Ich danke all denjenigen, die an der Entstehung des Buches beteiligt waren, allen voran meinem geduldigen Mann, der mich tatkräftig unterstützte, mich auf Ungenauigkeiten aufmerksam machte und sich um die Bildbearbeitung kümmerte. Ich danke meinen Kindern Silva, Samy und Keanu, die ich von Herzen liebe und die mir viel Freude und Pausen zwischen dem Schreiben bereitet haben.

Des Weiteren bedanke ich mich bei den Menschen, die mir Feedback gaben und sich zur Verfügung stellten, um Inhalte praktisch zu überprüfen und anzuwenden: Shantidevi Felgenhauer, Michaela Fischer, Anna Reutling und viele weitere mehr. Danke für das Teilen eures Wissens und eurer Erkenntnis. Möge der Segen, den ihr ausgesandt habt, tausendfach zu euch zurückkehren.

Jeanne Ruland

Über die Autorinnen

Jeanne Ruland war Autorin, Wegbereiterin in die Neue Zeit, Engelmedium, Lehrerin und internationale Seminarleiterin. Ihre Seminartätigkeit begann im Jahr 2000. Sie unterrichtete Natur-, Engel-, Meister- und Strahlenlehre, Huna sowie Heilige Geometrie. Sie bot außerdem internationale Reisen zu Kraftorten an. Ihr fundiertes Wissen und ihre langjährige Erfahrung in der Energiearbeit gab sie gern weiter, um zu erinnern und zu erwecken. Am 13. November 2021, einem Engeltag, ist Jeanne Ruland ins Licht gegangen. Durch ihre zahlreichen Werke bleiben ihr unglaubliches geistiges Erbe, ihre Vision einer besseren Welt und ihr außergewöhnliches Licht unvergessen. Ihre bekanntesten Werke sind: »Das Geheimnis der Rauhnächte«, »Das große Buch der Engel«, »Die lichte Kraft der Engel«, »Die Gegenwart der Meister«, »Krafttiere begleiten dein Leben«, »ALOHA – Gelebte Liebe«, »Maria Magdalena« sowie Bücher, CDs und Kartensets zum Thema »Heilige Geometrie«. www.shantila.de

Gudrun Ferenz beschäftigt sich seit vielen Jahren mit Erdheilung in Verbindung mit dem urzeitlichen Feuerritual Agnihotra. Ihr eigenes Grundstück in Hessen heilte sie auf diese Weise intensiv, sodass ein besonderes Seminarzentrum auf dieser lichtvollen Erde entstehen konnte. In diesem bietet sie Seminare über die Heilige Geometrie, Lehrgänge über Agnihotra und Meditation sowie Ahnen- und Schamanenseminare an.

Die platonischen Körper sind erhältlich bei Gudrun Ferenz im Haus der Pyramiden: www.haus-der-pyramiden.de

Ebenfalls von Jeanne Ruland erschienen im Schirner Verlag

Bücher:

Krafttiere begleiten dein Leben | 978-3-8434-1297-1

Helfertiere – Krafttiere als Wegbegleiter für besondere Lebensphasen | 978-3-8434-1437-1

Entdecke dein Krafttier – Das Arbeitsbuch | 978-3-8434-1513-2

Advents- und Weihnachtsrituale – Der Weg in das mystische Herz der Weihenächte | 978-3-8434-1313-8

Das Geheimnis der Rauhnächte – Ein Wegweiser durch die zwölf heiligen Nächte | 978-3-89767-865-1

Mein Rauhnacht-Begleiter – Ein lichtvoller Begleiter durch die 12 heiligen Nächte | 978-3-8434-1247-6

Mein Rauhnacht-Tagebuch | 978-3-8434-1348-0

Visionsbuch für die Rauhnächte – Wie wir unsere Jahresvision Wirklichkeit werden lassen | 978-3-8434-1396-1

Das Buch der Wünsche & Visionen – Übungen und Impulse für Manifestation, Intuition und Schöpferkraft | 978-3-8434-1410-4

Heilige Geometrie – Heilen mit dem Licht der Schöpfung – Das Praxisbuch zur Heil- und Lichtarbeit | 978-3-8434-1483-8

Heilige Geometrie in der Natur – Schöpfungsmuster des Lebens und der Fülle entdecken und anwenden | 978-3-8434-1389-3

Heilige Geometrie in Aktion – ausrichten – energetisieren – heilen | 978-3-8434-1535-4

Die Entfaltung der Blume des Lebens – Praktische Anwendung und neue Zugänge | 978-3-8434-5010-2

Das Dodekaeder und die fünfte Herzkammer | 978-3-8434-5032-4

Merkaba – Die Aktivierung des Lichtkörpers für die neue Zeit | 978-3-8434-5013-3

Willkommen auf der Erde – Segenszeremonien für Kinder | 978-3-8434-5039-3

Ahnenheilung – Auflösung von uralten Familienprägungen | 978-3-8434-1438-8

Die Kraft der Segnung – Eine Schatzkiste voller Segenszeremonien | 978-3-8434-1485-2

Heiraten mit Licht und Liebe – Hochzeitsrituale und Segenszeremonien für eine freie Trauung | 978-3-8434-1459-3

Abschied von dir – Mit Segenszeremonien loslassen, Frieden finden und Kraft schöpfen | 978-3-8434-1541-5

Aloha – Gelebte Liebe und hawaiianische Huna-Philosophie | 978-3-8434-1395-4

Gelebte Liebe – wie wir ein glückliches Leben gestalten – Mein Aloha-Begleiter für das Jahr und das ganze Leben | 978-3-8434-1355-8

Tiki Waena – Der innere Seelengarten | 978-3-8434-1137-0

Grokken – Durch kreatives Visualisieren die Welt verändern | 978-3-8434-5075-1

Das große Buch der Engel – Alles über die himmlischen Begleiter und wie wir uns mit ihnen verbinden | 978-3-8434-1481-4

Was Engel dir sagen – Botschaften deiner himmlischen Helfer | 978-3-8434-1159-2

Die lichte Kraft der Engel | 978-3-8434-1242-1

Unterwegs mit Engeln – Ein Reisebegleiter für Herz und Seele | 978-3-8434-1519-4

Maria Magdalena – Lebe und heile deine Weiblichkeit | 978-3-8434-1128-8

Die Gegenwart der Meister – Einweihungen in höhere Welten auf dem Pfad der Selbstmeisterung | 978-3-8434-1458-6

Lemuria – Rückkehr in das Paradies – Erinnerungen der Seele | 978-3-8434-1350-3

Lemuria – Das Paradies in deinem Herzen – Begleiter in der Neuen Zeit | 978-3-8434-1399-2

Elfen, Feen, Gnome – Das Buch der Naturgeister | 978-3-8434-1339-8

Die geheimnisvolle Welt der Naturgeister – Das Buch der Kleinen Wesen | 978-3-8434-1539-2

Lecker kochen mit den Naturgeistern – Ideen und Rezepte rund ums Jahr | 978-3-8434-1221-6

Engel-Kraftsüppchen | 978-3-89767-301-4

Dein Avalon-Begleiter – Ein Seelentagebuch für die inneren Ebenen | 978-3-8434-1392-3

Kartensets:

Krafttier-Orakel – Ein liebevoller Begleiter im Alltag | 978-3-8434-9092-4

Krafttier-Orakel 2 – Botschaften der Helfertiere | 978-3-8434-9110-5

Das Orakel der Vögel | 978-3-8434-9176-1

Mein Rauhnacht-Orakel – Visionskarten für die 12 Heiligen Nächte | 978-3-8434-9104-4

Wünsche & Visionen – 60 Impuls-Karten für Manifestation, Intuition und Schöpferkraft | 978-3-8434-9134-1

Heilige Geometrie – Lichtvolle Schöpfungsenergie für jeden Tag | 978-3-8434-9197-6

Aloha – Kraft schöpfen aus der Quelle des Hawaiianischen Schamanismus | 978-3-8434-9020-7

Erzengel Raphael und die heilenden Kräfte des grünen Strahls | 978-3-8434-9162-4

Maria Magdalena – Rückkehr und Heilung der Weiblichkeit – Du bist unendlich geliebt | 978-3-8434-9032-0

Rückkehr der Marien – Die Heilerinnen des Lichts | 978-3-8434-9189-1

Die Gegenwart der Meister – Einweihungen in höhere Welten auf dem Pfad der Selbstmeisterung | 978-3-8434-9132-7

Lemuria – Rückkehr in das Paradies – Erinnerungen der Seele | 978-3-8434-9105-1

Zauber der Naturreiche – Naturwesen – wie sie uns behüten und beschützen | 978-3-8434-9067-2

Merlin-Orakel – Entdecke die Magie des großen Druiden | 978-3-8434-9147-1

Lichtvolle Impulse unserer Ozeane | 978-3-8434-9053-5

Delfine – Lichtvolle Botschaften für uns Menschen | 978-3-8434-9039-9

Klang der Wale – Botschaften der Neuen Zeit | 978-3-8434-9082-5

Die lichte Kraft der Engel | 978-3-8434-9083-2

CDs:

Heilen mit dem Licht der Schöpfung – 8 Meditationen zur Heil- und Lichtarbeit – gesprochen von Jeanne Ruland | 978-3-8434-8439-8

Eintauchen in das segensvolle Licht der Engel und Meister | 978-3-8434-3314-3

Rauhnächte – Vorbereitung und Segnung für das neue Jahr – 6 Meditationen – gesprochen von Jeanne Ruland | 978-3-8434-8330-8

Krafttiere – Reise zu dem Potenzial in dir | 978-3-8434-8343-8

Ozeanisches Bewusstsein – Die Aktivierung der unbegrenzten Weisheit unserer Seele | 978-3-8434-8267-7

Bildnachweis

Bilder von der Bilddatenbank www.shutterstock.com:
Schmuckelemente auf allen Seiten: Metatrons Würfel: # 1388365265 (© sunnychicka); platonische Körper: # 1818656942 (© ONYXprj); Glitzer auf Kapitelaufmacherseiten: # 364755848 (© Feaspb); **Weitere Bilder und Elemente:** S. 11: # 1716207277 (© M.Aurelius); S. 12: # 2243252637 (© Birgit Muench); S. 15: # 1498909388 (© Julien Delanssays); S. 19: # 1056914186 (© Alexandree); S. 23: # 706967410 (© Grycaj); S. 24: # 533688943 (© Marben); S. 26: # 2165282863 (© Reema Nasser); S. 28: # 365361674, # 365361683, # 365361689, # 365361692, # 365361704 (© styleuneed.de); S. 29: # 1917116000 (© PopTika); S. 30: # 282992135 (© StudioSmart); S. 37: #25817347 (© Valenty), #1388365265 (© sunnychicka), S. 38: # 1046183182 (© 3DStach); S. 40: # 1968362614 (© Respiro); S. 46: # 2186175123 (© rawf8); S. 51: # 2313235457 (© angela_cora); S. 52: # 365361674, S. 55: # 1504648649 (© Bosko); S. 56: # 2270492317 (© Leo Bahia); S. 58: # 2285503199 (© Romolo Tavani); S. 72: # 725827822 (© Nosyrevy); S. 73: # 2277489723, S. 75: # 2246415811 (© Jozef Klopacka); S. 81: # 1530436811 (© Subbotina Anna); S. 86: # 365361683, S. 89: # 2099466238 (© Photoongraphy); S. 90: # 95963716 (© Kichigin); S. 98: # 149914934 (© Michael Warwick); S. 103: # 2030098907 (© Andrei F); S. 106: # 365361689 (© styleuneed.de), S. 108: # 1508776892 (© Alpha2473); S. 109: # 2212972517 (© Fit Ztudio); S. 110: # 609022088 (© Jonesy.dave); S. 114: # 617684894 (© Brian A Jackson); S. 116: # 194684759 (© LoveDesignShop); S. 124: # 1686450544 (© David Jolly); S. 127: # 2138549571 (© Vector_Leart); S. 132: # 417861682 (© Gelner Tivadar); S. 134: # 78266248 (© SvedOliver); S. 136: # 1314796904 (© yaalan); S. 143: # 1827652559 (© KieferPix); S. 148: # 640779178 (© Mr Nai); S. 150: # 1419199706 (© T.Photo); S. 156: #25817347 (© Valenty); S. 161: # 2136956867 (© PeopleImages.com - Yuri A); S. 162: # 2332899361 (© ajit bahadur007); S. 167: # 204744934 (© Waj); S. 168: # 1998761738 (© Fer Gregory); S. 172: # 59820310 (© Jorge Sanchez); S. 175: # 2185874581 (© Jozef Klopacka); S. 185: # 2203893057 (© Peter Kniez); S. 188: # 541865665 (© BokehStore); S. 190: # 1515030113 (© Birgit Muench)

Aufmacherseiten (S. 16, 70, 130, 146) sowie Foto auf S. 8: © Murat Karaçay
Blume des Lebens: © Simone Fleck, Schirner
Autorenfoto von Jeanne Ruland (S. 197): Andrea Kowitz-Vierheller